Frank Escoubès

Pop démocratie

La démocratie est (aussi) une fête

éditions de l'aube

Du même auteur

La démocratie, autrement. L'art de gouverner avec le citoyen, avec Gilles Proriol, L'Observatoire, 2021

Pris de court; tentative de digestion du monde, Massot, 2018

b:, Littéraire, 2014

À Delphine, son écoute, sa délicatesse.

À ma mère, à mon père, une époque enchantée.

Remerciements

Je remercie tout particulièrement Mathieu Souquière pour ses précieux conseils et sa très grande générosité tout au long de l'écriture de ce livre.

J'adresse ma sincère affection à mes collègues de Bluenove, lieu de toutes les effervescences : Antoine Brachet (pour son fol optimisme), Kristy Anamoutou (pour ses conseils les plus geeks), Guillaume-Alexandre Collin (pour sa culture musicale et bédéphile) et Maxime Barbier (pour ses intuitions politico-militantes).

Je remercie Gilles Proriol (mon coauteur de *La Démocratie, autrement*, qui fut « à la racine de l'arbre »), Nathan Stern (ce génie du lien social), Isabelle Scarabin et Grégoire Cazcarra (à qui je dois la maternité-paternité du titre *Pop démocratie*), Denis Lafay (qui eut l'intuition des éditions de l'Aube) et quelques amis journalistes qui me pardonneront d'avoir eu la dent dure contre la profession.

J'ai une pensée particulière pour Jérôme Cohen qui se reconnaîtra et qui, je l'espère, en sourira.

Sans oublier Yves Mathieu et Judith Ferrando de Missions publiques, car ils ne cessent de repousser les frontières de la participation citoyenne.

Je suis enfin très reconnaissant à ma relectrice, Élisabeth Roy, qui a effectué un travail d'une précision nanométrique.

Et bien sûr, je salue Michel Houellebecq qui n'est au courant de rien, mais qui a sa part de responsabilité.

N'hésitez pas à rejoindre la cause de la pop démocratie en vue de la présidentielle de 2027 en écrivant à mon adresse : frank.escoubes@bluenove.com

« C'est une entreprise difficile que de créer une civilisation nouvelle, alternative. »

David Graeber

« Ce livre est une œuvre d'imagination. Mais il est toujours possible qu'une œuvre d'imagination jette quelque lueur sur ce qui a été rapporté comme un fait. »

Ernest Hemingway,
Paris est une fête, 1964

Avant-propos

On frappe à la porte. Dans l'appartement, les convives se sont mis à table, l'ambiance est joyeusement bruyante, ça rit, ça s'échange des souvenirs de vacances, l'été s'étire. Zoé, la propriétaire des lieux, se lève et va ouvrir, on attendait encore un ami de Jeanne, de passage à Lyon.

Le type s'excuse vaguement du retard. Il ne semble pas plus gêné que cela de venir sans Jeanne, qui est clouée au lit par la fièvre d'une neuvième vague virale. Il ne connaît personne, pas même Zoé, l'hôtesse. « Entre ! Les amis de mes amis sont mes amis ! », lance cette dernière pour le mettre à l'aise. Il concède un signe de tête aux convives, un peu distant, on l'accueille dans la joie et la bonne humeur, un verre de vin, « tiens, sers-toi, il reste du taboulé ».

Assez brusquement, l'invité surprise coupe la parole de l'un des convives, qui venait d'évoquer le coût « délirant » de son plein d'essence. Le type s'en prend à l'Ukraine, à la stupidité des sanctions sur la Russie, « mais quelle connerie ! » Tout le monde se tait, on n'a pas l'habitude d'un ton aussi cash, comme ça, un samedi soir juste après la salade. Puis le sujet bascule sur le fiston d'une autre convive qui a été admis l'autre soir aux urgences à l'hôpital pour un panaris « très douloureux », et qui a dû attendre douze heures avant d'être pris en charge. Évidemment, on se gausse de Macron autour de la table, quelques bonnes blagues fusent. Le type qui s'est greffé à la soirée passe en mode offensif : « Pas un peu scandaleux de se pointer aux urgences pour un panaris ? » On pouvait bien applaudir le personnel soignant tous les soirs, à 20 heures, pendant le premier confinement, mais là, « on se fout pas un peu d'eux ? » Au bout de la table, une conversation parallèle démarre. « Gonflant, ce mec. Et toi, les vacances ? »

Quand vient le moment du dessert, trois groupes se sont formés autour de la table. Ceux du bout ont définitivement laissé tomber le pseudo-débat, ils en sont à organiser le prochain week-end de pêche. Trois autres personnes ont préféré poursuivre la discussion sur l'hôpital public dans la cuisine, en restant dans leur bulle, ignorant le dernier groupe des acharnés qui s'engueulent littéralement à coup de « n'importe quoi, le RSA ! » Ils ont bifurqué sur les chômeurs qui gagnent plus que les smicards. C'est à qui couvrira la voix de l'intrus, lequel n'en finit pas de monopoliser la parole. La maîtresse de maison, gênée, ferme les fenêtres pour ne pas déranger les voisins... On se souviendra de la soirée comme d'un long et pénible malaise.

Imaginez que la Démocratie se soit invitée à un dîner et ait ainsi frappé à la porte... Elle se comporterait sans doute exactement comme ce type. Un convive pas franchement désiré, à la fois teigneux, hautain et rabat-joie, dont la plupart des autres participants finiraient par se tenir à distance. Certains se sentiraient incompétents, désarmés, et lâcheraient l'affaire. Les plus téméraires finiraient par s'insulter, poussés à bout par les outrances du bonhomme. Ainsi en va-t-il de ce qu'est devenue notre démocratie : au mieux, elle nous ennuie et nous pèse, au pire, elle nous désole et nous exaspère.

Ce livre est une irrévérence. Une irrévérence envers la démocratie telle qu'on la connaît et la pratique depuis 1789. Il assume donc une forme de radicalité, la fin justifiant les moyens. L'obsession des pages qui vont suivre ? Faire de la démocratie-repoussoir que nous connaissons, et qui fabrique des records d'abstention, scrutin après scrutin, une démocratie *désirable*. Le terme est convenu, presque éculé, mais il s'agit bien de cela et de rien d'autre : regagner le cœur des femmes et des hommes, redonner le goût et le plaisir d'une démocratie devenue indigeste. Une démocratie qui ne serait pas « le pire des systèmes à l'exclusion de tous les autres », mais bien le meilleur que l'on ait jamais su inventer et qu'il nous faut aujourd'hui, assurément, réenchanter.

Pour cela, nous avons comme impératif de changer de regard sur cette formidable conquête du vivre-ensemble en la faisant tomber de son piédestal républicain. *Les institutions ne suffisent plus pour faire vivre la démocratie.* Il nous faut revenir aux sources de cette « démocratie aux marges » dont parle l'iconoclaste anthropologue David Graeber, celle des « zones d'improvisation culturelle » qui sont nées avant la république et qui réunissaient des groupes tout à fait hétéroclites de citoyens. Une pratique un peu pirate, un peu improvisée, qui fuyait le formalisme rébarbatif des institutions et des rituels imposés au bénéfice d'un processus grisant de « refondation démocratique ». Si la démocratie a aujourd'hui un avenir, c'est (aussi) en dehors des limites du gouvernement et du Parlement. C'est ailleurs qu'on doit aller chercher des vitamines, hors de toute tradition figée, dans ce que la *culture* a de plus stimulant à nous proposer. Pour être plus précis, dans ce que la culture populaire – la *pop culture* – est capable, par la magie colossale de son impact, de nous transmettre, toutes classes et toutes générations confondues : musique, cinéma, roman, science-fiction, série télé, BD, jeu vidéo, photo, stand-up, podcast, mode, design, fiction radio, documentaire, théâtre, animation, festival, *pop art*, *street art*, autant de formats dont la principale caractéristique est d'être produits et aimés par le plus grand nombre, à l'opposé d'une culture élitiste ou avant-gardiste qui ne touche qu'une partie aisée ou instruite de la population.

Sans céder à la tentation d'emprunter les pas de plus grand que soi (et ce sera une entorse au parti pris de ce livre consistant à refuser la facilité de citer les plus grands auteurs de la pensée démocratique pour gagner des galons d'autorité), autorisons-nous une seule – et vague – paternité intellectuelle dans la réflexion du théoricien politique Antonio Gramsci. Lointaine influence s'entend, car la dimension marxiste des thèses de Gramsci a mal vieilli. Mais demeure l'idée centrale de l'emprise de la *culture des dominants*, qu'il s'agisse des « bourgeois » d'antan ou d'influenceurs plus modernes, sur la vie politique d'un pays et son système de pouvoir. Dans toute démocratie, les outils culturels hégémoniques des puissants tels que les grands rituels républicains (les élections, les référendums), les partis et mouvements politiques, les sondages ou les médias de masse inculquent une certaine vision de la vie politique, avec leurs formats traditionnels et empesés qui cèdent aux sirènes de l'axe gauche-droite, et qui imposent les termes du débat public. Il est temps de bousculer ces normes. D'oser faire entrer la démocratie dans la culture du quotidien, celle qui « colle » et parle au grand public, partout et en tout temps, et d'en faire une fête, un *désir* populaire.

Comment ?

En transformant tout d'abord la démocratie en objet éducatif et ludique dès l'école. Du Parlement des enfants à l'autodéfense intellectuelle des élèves, de la communication non violente à la compréhension des émotions collectives, les portes de l'apprentissage sont grandes ouvertes. Il faudra pour cela avoir l'audace de faire des questions démocratiques un réflexe dont la pop culture viendrait s'emparer. Il y a un pari pascalien derrière cette audace : croire qu'un manifeste punk, une ballade folk ou un tube de rap éveillent à la conscience politique, qu'ils sont de la *prépolitique* mêlant décibels, émotions et communautés de fans ; penser que *Les Guignols de l'info* étaient bien plus qu'un divertissement de marionnettes, en ce qu'ils ont forgé un vocabulaire et une *attention* chez les jeunes ; reconnaître le pouvoir de conscientisation du cinéma, des séries télé ou des romans graphiques, car ils sont des révélateurs au sens photographique du terme ; considérer qu'à bannir de ses combats la notion même de plaisir, la politique se tire une balle dans le pied. Elle devient une démocratie « casse-bonbons », dont le catastrophisme sans solution finit par horripiler une part grandissante de la population. Le premier chantier du renouveau démocratique se passe d'abord et avant tout dans la tête et dans le cœur, « dans les mœurs et dans l'éthos », comme on disait en 68. Toute éducation esthétique y contribue. Nous appellerons cela le « front culturel ».

En complément de cette première ligne, il est urgent de créer du frottement en imaginant une démocratie du quotidien, « hors les murs », loin des bâtiments institutionnels. Qu'on lui lâche enfin la bride, mesdames et messieurs les élu(e)s, pour que notre système politique puisse faire l'école buissonnière : être là où l'on ne l'attend pas. Quel bonheur de grandir dans une démocratie que l'on croiserait dans tous nos lieux de vie, des parcs aux centres commerciaux en passant par les bars, les gares ou les librairies ! De façon informelle, vivante, décomplexée, au point que sa présence finirait par devenir normale, presque inconsciente. Souvenons-nous de l'extraordinaire foisonnement des radios pirates, puis des radios libres au début des années 1980, lorsque l'exubérance du *do-it-yourself* (DIY, « faites-le vous-même ») était à son apogée. Et replongeons-nous dans les premières heures d'internet, où tout n'était que friche et exploration libertaire. Qu'est-ce que ces épisodes de notre vie collective racontent de la société et de son désir d'émancipation des institutions ? Qu'on a beau cadrer, organiser, réglementer, le plaisir d'enjamber les haies sera toujours irrépressible. Ne peut-on envisager l'émergence d'un véritable *underground* de la démocratie, à la fois impertinent et accessible à tous, comme il existe un underground artistique et culturel où tout s'invente et se crée ? Ne doit-on pas rêver d'une architecture des édifices de la démocratie qui soit adaptée à l'art de la décision collective, signée par des « architectes concertants » gentiment déconcertants ? Questions rhétoriques ! On ne touchera pas les têtes et les cœurs sans créer un maximum d'occasions de contact entre nos concitoyens, au coin de la rue, au pied de chez soi, sur les terrains de foot, dans les futurs « petits *corners* » de la démocratie, avec juste ce qu'il faut d'auto-organisation, d'artisanat et de cours de récréation. Après le front culturel, nous en appellerons à un « front concitoyen », en retournant à l'étymologie « co-citoyenne » : faire *ensemble* la démocratie.

Enfin, ne perdons pas de vue (ou d'odorat) l'air que nous respirons, l'éther dans lequel nous sommes tous plongés et qui alimente la pompe. Ce bain amniotique qui informe les électeurs, mais aussi tous les acteurs de la pop culture : je veux bien sûr parler des médias. Il est illusoire de penser que nous faisons, nous autres citoyens, directement l'expérience de la politique. Sauf à être dans le dos d'un migrant, dans la peau d'un détenu ou dans la tête d'une personne discriminée. La plupart du temps, notre rapport au monde transite par quelques médias de masse et par le web des GAFAM. L'urgence, dans ce domaine, consiste à provoquer une révolution des pratiques médiatiques, qui permettra de revoir de fond en comble la manière dont l'information est partagée avec le grand public. « Écoanxiété, antivax, *cancel culture*, dégagisme, ensauvagement », autant de banderilles plantées par les journalistes dans le cou de la bête publique que nous sommes. On finira bien par en rendre l'âme, succombant à la violence qui nous entoure. « On ne peut pas dire la vérité à la télé, il y a trop de monde qui regarde », disait Coluche. Aurait-on le courage de demander aux médias un début de trêve ? Oserait-on leur enjoindre de « changer de disque », en éliminant les slogans et les mots contaminants de leurs unes, pour les sommer de nous surprendre positivement ? Cessez les rituels médiatiques convenus de nos (trop) rares moments démocratiques, comme ces débats télévisés stériles et autres décomptes des temps de parole, donnez-nous envie, faites-nous rire parfois et faites-nous réfléchir en même temps. C'est le contrat social minimum qui nous lie. Ce troisième front, nous l'appellerons le « front médiatique ».

Ce n'est ni par davantage de proportionnelle à l'Assemblée nationale ni même par des baisses d'impôts que l'on surmontera la crise démocratique qui nous ronge. C'est en ouvrant trois nouveaux fronts de reconquête en parallèle : culturel, concitoyen et médiatique. C'est en faisant naître une véritable ambiance populaire de la démocratie que nous en retrouverons le goût. Baptisons-la festive, cette démocratie, underground, furtive, caméléon, joyeuse, désennuyée, ou tout simplement « pop ». Mais n'attendons plus pour entrer dans la danse.

Car oui, la démocratie doit (aussi) être une fête.

1
La démocratie, ovni culturel

« Putain, les moutons veulent juste un leader charismatique
Aucune empathie, tout est hiérarchique
L'école t'apprend seulement l'individualisme
On t'apprend comment faire d'l'argent, pas des amis
Si l'président remporte la moitié des voix
C'est qu'les deux tiers de la France en voulaient pas
Pas b'soin d'savoir c'est quoi l'Sénat
Pour voir qu'les vieux riches font les lois, uh
Personne aime les riches, jusqu'à c'qu'ils l'deviennent
Ensuite ils planquent leur argent ou flippent de l'perdre. »

ORELSAN, *L'Odeur de l'essence*, 2021

« Si on confiait au diable l'organisation de la vie publique, il ne pourrait rien imaginer de plus ingénieux. »
Simone Weil, *Note sur la suppression générale des partis politiques*, 1950

Rien à faire, parler de culture, c'est convoquer instantanément la mère de toutes les influences : l'éducation. Et quand cette culture vient à manquer, on se dit que décidément, c'est la faute à l'école *(sic)*. « Je suis tombé par terre, c'est la faute à Voltaire, le nez dans le ruisseau, c'est la faute à Rousseau », chantait Gavroche dans *Les Misérables*. En somme, rien de plus confortable qu'un bouc émissaire providentiel. Pauvre éducation, pauvre école, responsable de tous nos maux, y compris des 54 % d'abstention aux législatives de juin 2022, un record digne des pires dictatures où, comme disait Bukowski, « on ne perd pas son temps à voter ». Car si les jeunes décrochent (selon un sondage réalisé par Ifop-Fiducial pour LCI en 2022, ce sont 70 % des électeurs de moins de 35 ans qui boudent le vote), c'est parce que l'instit' a mal fait son boulot et c'est parce que l'Éducation nationale a une nouvelle fois traité le sujet de l'éducation civique par-dessus la jambe, occupée qu'elle était sans doute à expérimenter l'école active, à dégenrer nos chérubins ou à faire entrer l'écriture inclusive entre les lignes des cahiers Clairefontaine.

Alors, quoi ? Jules Ferry, pompier utile de la démocratie ? Trop facile. D'abord, parce que l'enseignement moral et civique (EMC) est dispensé dans les écoles de la République depuis l'aube des temps, et ce, de manière renforcée depuis presque dix ans (loi du 8 juillet 2013 pour la refondation de l'école mise en œuvre depuis la rentrée 2015). Ce nouvel enseignement ne relève pas en effet de la génération spontanée : il s'est substitué à une multitude de programmes d'éducation civique existants à chacun des trois niveaux, élémentaire, collège et lycée. Même partiels, même imparfaits, même déficients, ces cursus antérieurs exposaient déjà nos chères têtes blondes à des notions de base quant au vivre-ensemble.

Ensuite, il faut raison garder : les objectifs qui sont « officiellement » assignés à l'EMC sont vertigineux ! Ils visent à transmettre aux écoliers et lycéens, excusez du peu, « la dignité, la liberté, l'égalité, la solidarité, la laïcité, l'esprit de justice, le respect de la personne, l'égalité entre les femmes et les hommes, la tolérance et l'absence de toute forme de discrimination » (c'est ainsi que s'exprime sans barguigner le ministère de l'Éducation nationale). Ce n'est plus un programme, ce sont les jeux Olympiques multivers de l'éthique ! Une construction intellectuelle et morale dimensionnée pour de futurs petits prix Nobel de la paix. Quand on sait que le premier réflexe du citoyen vis-à-vis de son maire ou de son député consiste à lui demander, sur un ton qui ne laisse place à aucune ambiguïté, ce que ce dernier peut faire séance tenante pour résoudre « son » problème, d'ailleurs c'est pour cela qu'il a été élu, on peut rester perplexe quant à l'efficacité d'une telle ambition éducative. Écartons d'emblée l'idée de critiquer « en vrac » la *doxa* de l'Éducation nationale en matière d'enseignement civique et moral pour nous concentrer sur quelques recommandations concrètes. Et d'abord, en guise de prélude, rappelons une évidence, souvent oubliée : le civisme n'est jamais une affaire de connaissances institutionnelles !

Illustration : lors des états généraux de la justice lancés fin 2021 par le président Emmanuel Macron, sous l'instigation des deux plus hauts magistrats de France, l'une des propositions les plus consensuelles émanant des nombreux citoyens mobilisés consistait à « enseigner le mode de fonctionnement de la justice à l'école ». Cette proposition était attendue, c'est un marronnier classique des débats publics. Or, même si l'opacité et la complexité du monde judiciaire sont indiscutables (qui sait vraiment quelle est la différence, par exemple, entre magistrats du siège – les juges – et magistrats du parquet – les procureurs ?), on peut légitimement se demander si une meilleure intelligibilité du découpage fonctionnel de la justice permettra à une génération de

Français de mieux appréhender le « système judiciaire ». Infiniment plus pertinent serait un enseignement approfondi des « grands réflexes » de la justice : mieux comprendre les logiques et objectifs de l'incarcération, mieux intérioriser la gradation des peines (pourquoi, par exemple, le viol est-il dorénavant placé au sommet de la pyramide des crimes ?), mieux saisir les vertus et limites des peines alternatives, mieux intégrer la pertinence, après la prison, de la préparation du retour à la vie normale, etc.

Exit donc l'apprentissage du morcellement administratif de la justice ! Afin qu'une fois adulte, l'enfant soit préparé à une démarche démocratique, afin de poser les bases, dès le plus jeune âge, des savoirs et savoir-être fondamentaux pour « faire démocratie », ce sont trois réflexes bien plus fondamentaux qu'il faut réussir à transmettre dans les salles de classe.

Premier réflexe : développer la pensée critique et l'apprentissage des moyens intellectuels pour participer au débat public. Tout part de là. De cette musculation mentale qui tonifie la réflexion, le discernement dans l'appréhension de l'information, l'appétit de contexte, la posture de doute permanente (notamment face aux *fake news* ou aux informations manifestement douteuses), ou encore la mise en perspective du problème dans un ensemble plus vaste d'interdépendances. Soit – en somme – l'ensemble des moyens d'une

« autodéfense intellectuelle », comme disent les activistes engagés. Un exemple d'exposition à ce réflexe politique ? La joyeuse expérience des Confkids ! Des conférences et des discussions avec des acteurs du changement (adultes) qui ont pour génial parti pris d'être destinées aux enfants à partir de 8 ans. *Ciao* la timidité ! L'objectif consiste à s'approprier dès les jeunes années les grands enjeux actuels en bénéficiant d'un regard unique : celui d'une génération née au cœur des transitions. Car contrairement aux époques qui ont précédé, les enfants d'aujourd'hui sont presque aussi informés que les adultes, ils entendent parler des questions d'avenir et de l'urgence des transitions autant que leurs aînés. Ils ont la capacité de développer une réflexion étonnamment aiguë sur le monde, d'autant plus qu'ils incarnent une partie considérable de la solution, faut-il le rappeler ?

À ce titre, quelle belle initiative que le Parlement des enfants ! Créé en 1994 par l'Assemblée nationale française en partenariat avec le ministère de l'Éducation nationale, ce Parlement junior permet à des élèves de CM2 de participer en direct au système démocratique. Chaque année, cinq cent soixante-dix-sept enfants se réunissent au palais Bourbon et se prononcent par un vote en faveur de propositions de loi qu'ils jugent prioritaires. C'est ainsi que quatre propositions de loi issues du Parlement des enfants sont devenues des lois de la République (entre 1996 et 2000, et depuis plus rien, soit dit en passant) : une loi relative au maintien des liens entre frères et sœurs, une loi permettant à l'enfant orphelin de participer au conseil de famille, une loi visant à inciter au respect des droits de l'enfant dans le monde et une loi visant à renforcer le rôle de l'école dans la prévention des faits de mauvais traitements sur les élèves. Deux constats s'imposent : les bouts de chou semblent tout d'abord avoir une légitimité parlementaire limitée aux… problèmes d'enfants ! N'ont-ils rien à dire sur le changement climatique, les dérives du numérique ou la santé mentale ? Ensuite, si l'initiative est exemplaire, elle demeure compétitive et élitiste dans sa conception : les classes souhaitant participer à l'opération doivent faire acte de candidature, seules certaines seront retenues par les directeurs académiques des services de l'Éducation nationale. Les heureux élus déposeront des propositions de loi selon une procédure très républicaine. Un jury national sélectionnera les cinq meilleures propositions sur un thème donné (le thème de l'année, imposé), lesquelles seront mises en ligne sur le site du Parlement des enfants afin que l'ensemble des classes participant à l'opération puisse en débattre… et puisse choisir « la » proposition de loi qui leur semble la meilleure.

Ouille, ouille ! Voilà un formalisme bien français ! Pas étonnant qu'en bout de course, le bilan législatif soit maigrichon. Ne devrait-on pas faire feu de tout bois et généraliser cette démarche à l'ensemble d'une classe d'âge, par exemple les CM2, et considérer qu'il s'agit là d'une contribution annuelle obligatoire, car essentielle à la vie démocratique de la Nation ? Et pourquoi ne pas en faire un véritable projet pédagogique, qui acculturerait notre jeune progéniture à la compréhension intime des enjeux sociétaux, en organisant, par exemple, des visites d'apprentissage ou des séjours en immersion dans les communautés concernées par les enjeux démocratiques visés (en banlieue, en hôpital pour enfants, en zone rurale, dans une ferme agricole, etc.) ? Ou en invitant nos petits gavroches à rencontrer les députés de leur circonscription (toute une classe d'âge ne pouvant décemment se déplacer en visite au palais Bourbon) ? L'habituation dès le plus jeune âge à la chaîne de réflexion qu'exige la formulation d'une proposition de loi, avec exposé des motifs et *tutti quanti*, laissera des traces dans le temps, et des plus positives. Telle est la vertu de la pédagogie par l'expérience directe qui incitera un jour nos parlementaires, peut-être, à considérer l'abaissement du vote à 16 ans, voire la possibilité d'un vote des enfants en dessous de cet âge plancher dès qu'ils s'en sentent capables, utopie défendue par certains chercheurs en didactique qui considèrent que ce vote-là ne serait pas plus déraisonnable que le vote d'un adulte en colère ou en dérive complotiste. Mais c'est une autre histoire.

Deuxième réflexe au service de l'éducation civique : développer la capacité d'écoute qui permet d'entendre (oui, d'entendre) les arguments d'autrui avant de juger ! C'est certes le combat d'une vie, mais y avoir été habitué dès le plus jeune âge est sans doute l'assurance d'un « départ lancé ». Cela suppose une vraie maîtrise de soi, de sa concentration, de son application, ainsi qu'une hygiène du temps long avant de former son propre point de vue. La grande bataille politique du XXIe siècle sera celle de la reconquête de l'écoute et de l'attention. Alors qu'en 2000, le temps de concentration humain moyen au sein de la génération Z (les jeunes nés entre 1997 et 2010) était de douze secondes, en 2013 il tombe à huit secondes seulement. Huit petites secondes avant d'être distrait, c'est à peu près le temps qu'il vous a fallu pour lire la phrase qui précède ! Celle qui suit est déjà dans les limbes. Sursollicité en permanence pendant notre vie éveillée, notre esprit (à défaut de notre cerveau) est en situation de surmenage. Il papillonne, survole, zappe, se laisse étourdir par la profusion de sollicitations, numériques pour les jeunes, audiovisuelles pour les moins jeunes. Même les moments auparavant considérés comme « transitionnels » (le métro, le sport, la marche, etc.) sont devenus des occasions de surfer sur son smartphone, tant l'inaction de l'œil ou de l'oreille est devenue l'ennemie du genre humain.

Décidément, une société qui n'a pas résolu son problème d'attention et de concentration est *une société politiquement immature*. Reconquérir les automatismes de l'attention devient alors un impératif. Mécanisme-réflexe de l'intelligence à acquérir au plus tôt, comme on apprend le tennis dès qu'on sait courir afin de ne pas être condamné à taper dans la balle toute sa vie à la manière approximative d'un Jacques Tati. La méthode ? Concentration (voire méditation), mémorisation, reformulation active, questions miroir, réassurance, patience, tout le bagage comportemental de la communication relationnelle qui ne sera appris que bien plus tard, au hasard de la vie, et le plus souvent jamais. Il serait d'ailleurs d'utilité publique de généraliser dès les petites classes la formation à l'empathie et à la communication non violente (la sacro-sainte CNV), même s'il paraît déplacé de parler de non-violence à d'innocents bambins. Mais c'est que la brutalité d'une posture ou d'une moquerie peut être extrême. *Les mots sont des fenêtres, ou bien ce sont des murs*, a choisi comme titre Marshall B. Rosenberg, le père de la CNV, pour son livre fondateur. Finis les clichés en la matière, ce processus de communication devrait être enseigné dans toutes les écoles comme base du contrat social, car il est d'abord synonyme d'écoute active, entre auto-empathie (comprendre ses sentiments et ses besoins profonds) et respect des sentiments et des besoins d'autrui (même non formulés). Il n'y a pas d'âge pour cela. Et les automatismes acquis jeune perdurent, c'est une affaire de pratique et d'exercices quotidiens. On touche là à la meilleure des mises en condition pour comprendre l'intérêt général : être solidement assis sur deux chaises symboliques, la chaise où je prends conscience de mes besoins et la chaise où je me mets à la place de l'autre pour comprendre les siens. La démocratie en tant qu'équilibre entre égoïsme et altruisme est d'abord une affaire de fesses bien posées... Sans négliger bien sûr l'habituation des élèves à l'art oratoire, case reine du *Monopoly* de l'éducation à la vie en société. « La parole est un sport de combat », clame haut et fort l'avocat Bertrand Périer dans les cours qu'il anime avec les étudiants de Seine-Saint-Denis en préparation du prestigieux concours Eloquentia désignant le meilleur orateur du département. Maîtrise du discours, aisance rhétorique, gestion du non-verbal, autant de compétences fondamentales qui sont de véritables enjeux collectifs tant la parole est devenue un marqueur social. Voir des jeunes issus de milieux défavorisés se passionner pour l'excellence oratoire est une victoire spectaculaire du vivre-ensemble.

Troisième et dernier réflexe éducatif : aider à intérioriser et à déchiffrer la boîte noire des *émotions* qu'engendre la vie en communauté. En somme, s'appliquer, dans l'enceinte protégée de la salle de classe, à mieux comprendre, de la manière la plus intime qui soit, les tensions qui agitent l'espace public. Ainsi ne devrait-on pas, dès l'âge tendre, mettre en scène par des jeux de rôles et des mises en situation les conséquences psychologiques des grandes *épreuves de la vie* qui feront progressivement naître une conscience politique chez nos jeunes concitoyens ? Ne serait-il pas bien plus efficace de faire vivre, si possible de manière décomplexée et récréative, avec l'expérience sensible et le sans filtre des enfants, les frottements et difficultés de la vie de groupe plutôt que de théoriser, en cours d'éducation civique, sur les « droits fondamentaux inaliénables du citoyen » ? Pour cela, faisons confiance aux enseignements précieux d'un Pierre Rosanvallon lorsqu'il révèle les grandes familles d'épreuves ressenties par une partie croissante de la population : le sentiment de mépris, de discrimination, d'incertitude et d'injustice. En somme, ces nouvelles crispations intimes qui remplacent la vieille lutte des classes. Se mettre à la place de l'autre est un réflexe à favoriser au plus tôt pour soutenir la maison démocratie. L'art de la pédagogie est (presque) sans limites, donnons-lui carte blanche pour produire des états émotionnels « à hauteur d'enfant » que bien des adultes ont oubliés ou n'ont tout simplement jamais éprouvés. Bien sûr, aucun exercice scolaire ne pourra avoir la prétention d'inculquer l'empathie, moteur de la démocratie. Mais on peut au moins sensibiliser, même très imparfaitement.

Ne serait-ce qu'en racontant (par le conte), en montrant (par le dessin animé puis le court-métrage), en simulant (par le théâtre ou la mise en scène) et en donnant envie (par le jeu). Car rien de véritablement sérieux ne peut s'enseigner sans divertissement.

Constat édifiant lors du bac 2022 : à l'occasion de l'épreuve de français des lycées professionnels, de nombreux candidats ont déploré à la sortie de l'épreuve l'utilisation d'un terme jugé trop compliqué dans l'énoncé, le mot « ludique » ! « C'est fou comment un mot peut te faire perdre dix points », s'en désolaient certains, déboussolés, sur internet. À la question : selon vous, le jeu est-il toujours ludique ? Nombreux ont été ceux qui ont compris « dangereux », « juteux » ou « rentable » ! Quel système éducatif a-t-on mis en place qui expose pour la première fois ses élèves, à l'âge de 17 ans, au mot « ludique » ?... Il est vrai que ce n'est pas un critère officiellement répertorié dans le référentiel du classement PISA qui encadrera le futur universitaire de nos jeunes générations.

CQFD.

Festival, mon amour

Qu'est-ce qui coûtait 2 francs en 1930, 60 francs en 1999, 15 euros en 2004 et le double en 2022 ? Quel est le lien entre le french cancan, Charles Trenet, Pink Floyd et Les Rita

Mitsouko ? Qu'est-ce qui réunit la reconnaissance de l'État palestinien, Maurice Thorez, la bombe à neutrons et #MeToo ?

Réponse : un petit événement populaire devenu maous, la fête de l'Huma ! Créé en 1930, au service de la « solidarité prolétarienne », ce grand raout a fait le pari audacieux d'être à la fois un carrefour d'expression politique et un « happening » multiculturel mixant les sens (ah, les stands de charcuterie périgourdine…) et l'esprit (ah, les ateliers d'agit-prop…). Au programme figure inlassablement, année après année, le parfait vade-mecum du peuple de gauche. Tout ce que vous avez toujours voulu savoir sur les valeurs de solidarité, d'ouverture d'esprit, de partage et de paix. Y déambule en star incontestée le quinqua socialiste de cœur, engagé et responsable, bob, béret ou bonnet andalou sur le caillou, t-shirt élimé à l'effigie de Che Guevara et paire de Birkenstock raccommodée aux pieds, seule concession au capitalisme mondialisé des marques.

Mais s'il ne s'agissait que de ce cliché facile, la fête de l'Huma serait-elle vraiment la fête de l'Huma ? Bien sûr que non. La beauté de cet événement politico-festif hors du commun réside dans sa capacité à faire se croiser de jeunes représentants de la génération Z, pour qui même l'acronyme LFI peut être confondu avec un groupe de rap, des bourgeois de Neuilly, qui veulent s'encanailler en écoutant le son de Manu le Malin sur scène, et de fiers représentants extravertis de la communauté LGBTQIA+. « Les stands de la Fête représentent le monde qui se bat », dit le slogan. Il n'y a en effet pas meilleur endroit en France pour faire entendre sa voix et ses luttes au service de la réduction des inégalités et de la défense des opprimés. Même si les militants des fédérations et sections locales du Parti communiste français, toujours aussi actifs, partagent dorénavant l'effort avec tous les autres partis de la très actuelle Nupes, ainsi qu'avec une multitude d'associations, collectifs et mouvements en gestation. Expositions, microdébats, groupes de parole, ateliers d'expression, danses collectives, signatures de pamphlets, tables de dégustation, microbrasseries, stands de circuits courts, théâtre d'improvisation, arts de la rue, concerts petits et grands, tout à la fête de l'Huma est l'occasion de communier et d'échanger sur les causes politiques, des plus anciennes aux plus émergentes, des plus essentielles aux plus improbables. Le journal l'*Humanité*, à l'origine de l'événement, circule encore en version papier et sert à la fois à lancer de furieuses diatribes contre le gouvernement (la fête de l'Huma étant quasiment toujours dans le camp de l'opposition), et à emballer le poulet-frites de circonstance. Quand on quitte les pelouses ravagées de La Courneuve (ou, depuis 2022, de l'ex-base aérienne 217 au Plessis-Pâté en Essonne, ça ne s'invente pas), on est à la fois fourbu, rassasié de musique et de spécialités régionales, et heureux. Heureux d'avoir pu finalement lier l'utile à l'agréable, car il n'y a rien à faire, on aura eu, en l'espace d'une longue soirée et d'un début de nuit, mille et une occasions de se reconscientiser politiquement sur les grands maux et les gros mots de l'actualité sociale du moment.

Lorsque l'Office français de la biodiversité (OFB) a lancé, en juillet 2019, Exprimez-vous pour la biodiversité, une grande démarche de prise de parole citoyenne sur le futur des politiques en matière de protection de la biodiversité, l'institution a implicitement reconnu la nécessité de secouer le cocotier. Elle a choisi de rendre hommage, tout à fait consciemment, à l'esprit de la fête. Des partenariats avec des événements culturels à forte visibilité ont d'emblée été établis. Ce ne sont pas moins de douze festivals grand public d'envergure (les Eurockéennes de Belfort, les Francofolies de La Rochelle, le Climax de Bordeaux, Jazz in Marciac, etc.) et deux parcs nationaux qui ont été visités, afin d'organiser *in situ* des temps de recueil de l'expression citoyenne. Surtout, aucun sondage avec enquêteurs souriants bien coiffés n'aura été prévu : toutes les méthodes retenues pour capter le point de vue citoyen auront été conçues pour s'adapter au lieu, au temps disponible de l'interlocuteur (quinze minutes, trente minutes, une ou deux heures) et à l'objectif recherché (décrire le problème, générer des idées, approfondir des solutions, se projeter sur l'avenir). Il aura été question de « débats flash », d'écriture collaborative de fictions positives, de jeux sur les imaginaires. Le mot d'ordre ? Aller à la rencontre des gens sur leurs sites de détente et de loisirs et parler biodiversité dans des décors appropriés. Le génie des lieux opérera.

Changement de décor : personne ne le sait ou presque *(sic)*, mais il existe une journée internationale de la démocratie chaque année, le 15 septembre. On doit le choix de cette date à l'Organisation des Nations unies. Il correspond à l'adoption par l'Union interparlementaire de la Déclaration universelle sur la démocratie en septembre 1997. Constat d'échec ? La preuve. Mais il n'est pas trop tard pour réagir et monter au « front culturel ». Faisons de cette journée oubliée, dans la rue, sur les places, dans les cafés et sur les ronds-points un moment de joie et de refondation. Pique-niques, concerts, tables ouvertes, repas entre voisins, contes pour toute la famille, jeux de cartes, jeux-concours civiques, batailles d'idées démocratiques, *flashmobs* (ce fameux rassemblement éphémère de personnes qui se lancent dans une chorégraphie collective puis se dispersent), conférences gesticulées, théâtre-forum… le bar est ouvert. L'idée est de renouveler autant que possible la carte des desserts participatifs.

Un mot au passage sur ces mystérieuses conférences gesticulées (non, ce n'est pas la traduction québécoise de *flashmob*).

Véritable morceau de bravoure dans l'expression citoyenne, il s'agit d'un jeu d'éducation populaire inventé par un certain Franck Lepage, ancien directeur des programmes à la Fédération française des maisons des jeunes et de la culture, inauguré dans le cadre du Festival d'Avignon il y a près de vingt ans. La conférence gesticulée se situe à mi-chemin entre la très sérieuse conférence et le spectacle d'un citoyen-acteur qui incarne un message politique au travers d'une expérience personnelle vécue. À la fois militante, théâtrale et académique, cette pratique singulière incite le public à devenir participant lui-même. Comme pour une manifestation des arts de la scène, les conférences gesticulées font l'objet de répétitions formelles. Un réseau des universités populaires gesticulantes est né en 2015 pour former les bien nommés « gesticulants ». *In fine*, l'important est de valoriser les émotions politiques qui nous traversent et nous affectent. Point important de la dramaturgie : la conférence est le plus souvent suivie d'une séance d'échanges avec le public, qui devient alors acteur à son tour. Ce moment d'interaction est d'ailleurs appelé « atelier de désintoxication de la langue de bois », ça ne s'invente pas. Il peut durer jusqu'à deux ou trois heures et fait partie intégrante de l'événement.

Pour les passionnés, précisons que la pratique de la conférence gesticulée s'inspire grandement du théâtre-forum. Cette méthode de création culturelle interactive, inventée dans les années 1960 par l'homme de théâtre brésilien Augusto Boal dans les favelas de São Paulo (une ville dont nous reparlerons), est un calque du théâtre de l'opprimé, une mise en scène « par le peuple et pour le peuple ». L'assistance y est constituée de « spectacteurs », à la fois spectateurs et acteurs. Face à eux, une mise en scène de quelques minutes jouée par des amateurs sur des thèmes illustrant des situations d'oppression ou de tensions sociales, économiques ou sanitaires. La courte intrigue aboutit généralement à un épisode de crise. C'est alors qu'un animateur confirmé, le « joker », invite le public à remplacer au pied levé l'un des acteurs pour tenter de modifier le dénouement tragique, par un « coup de théâtre » en quelque sorte, dans une logique qui parlera aux fans d'impro. Si de sa chaise, il est facile d'avoir une idée qui paraît excellente pour résoudre la tension, cette idée, une fois projetée sur scène, se modifie, se travestit et produit des effets inattendus, souvent non désirés par son auteur. Il n'y a pas meilleur moyen pour tester une solution sociale ou politique que de la soumettre à la réaction des protagonistes et du public. D'autant que la règle première du théâtre d'impro, règle du « oui, et… », impose de toujours accepter la proposition de l'autre et de proposer quelque chose en plus pour faire progresser l'histoire, plutôt que de lui opposer le sempiternel « oui, mais… » qui est le refuge des obstinés. On fait mine de dire oui, mais on se contente de s'opposer sans s'écouter. Véritable leçon de maturité démocratique que ce « oui, et… » ! Notons qu'il peut exister des variantes à ce théâtre populaire, comme le théâtre législatif, dans lequel l'impact de propositions de loi est simulé sur scène… L'imagination face à la contrainte : un couple magique.

Il reste que ces jeux de mise en scène, qu'ils soient gesticulés, dansés (dans les *flashmobs*) ou improvisés (dans le théâtre-forum) n'ont pas leur pareil pour impliquer le citoyen. Si une image vaut mille mots, une pièce de théâtre jouée vaut mille images. La démocratie souffre tellement de sa désincarnation. Se mettre dans la peau d'un sans domicile fixe, d'une femme voilée ou d'un enfant harcelé *et voir ce qu'il se passe* surpassera toujours les débats télévisés.

La démocratie aux marges

Pourquoi ces exemples d'incarnation de la conscience politique dans une ambiance de kermesse festivalière ou de théâtre de rue ? Parce que c'est peut-être, métaphoriquement, l'image qui sied le mieux à l'origine de la démocratie, celle des « zones d'improvisation culturelle », des espaces informels de discussion collective qui ont précédé l'invention de la république et auxquels participaient, sans aucun formalisme, des communautés très hétérogènes de citoyens. C'est-à-dire, pour reprendre les termes précis de David Graeber dans son livre *La Démocratie aux marges*, « des espaces en général placés hors du contrôle des États et dans lesquels des personnes nourries de traditions et d'expériences différentes sont obligées d'imaginer des moyens pour régler leur vie commune ».

Pour Graeber en effet, nous nous trompons de référentiel historique lorsque nous inscrivons la naissance de la démocratie dans la société athénienne, selon un cadre sociologique et philosophique établi mais jamais questionné. Non, c'est ailleurs, dans d'autres configurations culturelles, en dehors de toute tradition figée, que s'est inventée, par petites touches, la démocratie dont nous sommes les héritiers. Dans les sociétés collectives amérindiennes ou mayas ; au sein des équipages pirates ou des *things* suédois (les assemblées populaires), etc. Finalement, dans ces « sociétés des frontières » à faible densité de population, considérées comme des lieux de métissage culturel mêlant colons et indigènes qui, pour la plupart, ne craignaient rien davantage que les classes dirigeantes des anciennes colonies.

La démocratie serait donc née dans les marges et les interstices de la société, en tant qu'invention collective émergeant spontanément lorsque la gouvernance d'un groupe doit s'envisager en l'absence d'un État fort et d'une réelle « culture institutionnelle ». Le choix du consensus a vu le jour dans un contexte où une majorité démocratique à 50 % plus une voix pouvait sembler plus brutale, car elle contraint une minorité à accepter une décision majoritaire, ce qui suppose un pouvoir de coercition.

Quoi de plus parlant, à ce titre, que le cas des pirates de l'Atlantique du XVIIIe siècle, décrit de façon passionnante par David Graeber ? À l'époque, les équipages formaient une sorte de « prolétariat atlantique » constitué d'hommes de cultures extraordinairement diverses. C'était une tour de Babel composée de mutins (c'est-à-dire d'anciens marins enrôlés de force qui s'étaient révoltés), d'Européens de multiples nationalités, d'Amérindiens, d'Afro-Américains, d'anciens soldats ou anciens esclaves, qui « se trouvaient d'un seul coup devant la nécessité d'organiser une forme d'autogouvernement en l'absence de tout État ». Les capitaines de navire étaient alors élus, contrairement à l'imagerie hollywoodienne. Et leur autorité sur les autres membres d'équipage ne s'exprimait que lorsque des événements critiques l'imposaient : tempêtes, avaries graves, situations de combat. Le capitaine devenait alors le chef suprême et décidait seul, investi d'un pouvoir absolu dans la tourmente avec l'assentiment de tous. Un véritable chef de guerre. Le parallèle avec l'hyperprésidence lors de l'apparition de la pandémie de Covid-19 en mars 2020 est purement fortuit. Mais en dehors de ces moments exceptionnels de crise, sur les vaisseaux pirates qui sillonnaient les océans, l'essentiel des décisions étaient prises par une simple assemblée générale ! Et l'équipage conservait le droit de démettre le capitaine à tout moment.

Il faut reconnaître dans ces origines colorées et anthropologiques de la démocratie un réflexe ancestral, fermement ancré dans l'histoire des sociétés humaines : celui d'une recherche du consensus en l'absence d'un ordre imposé du haut, au sein de communautés particulièrement hétérogènes et plurielles, souvent métissées par la colonisation. Et pour cause : elles avaient choisi d'échapper au régime de la force et de la contrainte prévalant dans leur pays d'origine. On est donc loin de la référence athénienne, où les décisions se prenaient à la majorité dans le cadre d'un vote formel, officiel, caractéristique de sociétés à la fois militarisées et institutionnalisées. D'ailleurs, ce n'est pas un hasard si, dans notre inconscient collectif, la pratique démocratique ne s'envisage que dans le respect de ces règles républicaines strictes : on a du mal à se projeter dans une ambiance de fête foraine pour *faire démocratie* sans entacher l'image de sérieux qu'imposent nos institutions. Voilà pourquoi, aujourd'hui encore, les grands rituels électoraux républicains sont de continuels ratages. Conçues dans la solennité froide et protocolaire de la culture historique athénienne, ce sont des procédures de vote au formol qu'on a imposées à l'électeur. « L'expérience usager » du scrutin en pâtit nécessairement : elle se réduit aujourd'hui à de longs couloirs de mairies désertes ou d'écoles communales sous-équipées, à des tables sur tréteaux pour poser les bulletins et les professions de foi, à des isoloirs désuets dont les rideaux élimés sont tirés une fois sur deux, au rituel compassé de la liste d'émargement et du tampon de la carte électorale par l'assesseur, et « circulez, y a rien à voir » !

En voilà une occasion ratée… L'occasion d'un vrai moment républicain où les électeurs se retrouveraient dans une ambiance conviviale et apprenante. Ne pourrait-on y voir l'opportunité parfaite pour saisir un public captif afin de l'exposer, comme à la fête de l'Huma, à un matériau didactique expliquant, par exemple, à quoi sert un conseil régional ou général (force est de constater que ces subtilités de la décentralisation échappent au commun des mortels), mais aussi, en partant de la base, quel est le rôle du président et quels sont les pouvoirs qu'il partage, quelles sont les attributions du gouvernement, comment fonctionne l'Assemblée nationale ou le Sénat, à quoi correspond la procédure législative, comment sont évaluées les politiques publiques ou encore quelles ont été les évolutions du contenu de la Constitution ?… Rappelons-nous qu'à la présidentielle, selon le Cevipof, 20 à 25 % des électeurs qui se rendent aux urnes sont encore indécis juste avant de glisser leur bulletin dans l'urne (en moyenne, 50 % savent longtemps à l'avance pour qui ils vont voter et plus de 25 % se décident pendant la campagne), et qu'il est donc pertinent d'user de cette fenêtre de disponibilité mentale pour acculturer le citoyen-électeur. On pourrait rétorquer que ce n'est pas le rôle des bureaux de vote d'influencer les choix politiques de nos concitoyens, tout particulièrement au dernier moment, en pleine période de réserve électorale. Sauf qu'il n'est pas ici question d'influencer, mais *d'informer* de la manière la plus neutre et la moins institutionnelle possible sur les enjeux du scrutin. Imaginons un instant que cela puisse se produire dans une ambiance de grand rendez-vous citoyen, par l'entremise de stands « découverte », de projections de courts documentaires, de posters et d'infographies pédagogiques, bref, de tout un kit didactique conçu pour le grand public. Capter le citoyen dans le « dernier kilomètre » (et même dans les derniers mètres) juste avant l'exercice de son droit de vote, c'est l'assurance de toucher une audience de vingt à trente millions de personnes la même journée, une opération d'éducation populaire digne du *Livre Guinness des records* !

C'est aussi faire de ce rite de la démocratie électorale représentative une grande fête de la démocratie, tout court.

Tchin, tchin à la démocratie liquide !

Longtemps, la démocratie a eu le goût d'une éducation populaire qui sentait la naphtaline. Qui dit éducation populaire dit souvent, dans l'imaginaire collectif, éducation ouvrière, cours du soir, bourses du travail, belle et noble conscience de classe, tout un ensemble de références dont l'origine anarcho-syndicaliste semble aujourd'hui plutôt anachronique.

Penser cela, c'est pourtant céder à de vieux poncifs. Car les racines de « l'éduc' pop » dépassent largement la carte postale du Front populaire de 1936. Née à la Révolution française, elle recouvre des influences aussi diverses que le christianisme social du XIXe siècle, en réaction aux conditions de vie misérables des populations, ou le scoutisme et ses quarante millions de membres dans le monde aujourd'hui. Sans parler de la Ligue de l'enseignement et de ses vingt-cinq mille associations en France au service de l'art, de la culture, du sport, des vacances, des loisirs et de l'action sociale. Bref, l'éducation populaire embrasse large et cherche à promouvoir, *en dehors des murs de l'école*, une instruction visant à bonifier la société et à accroître les compétences de ses membres. Les Belges, plus pragmatiques, parlent d'éducation permanente : accompagner le citoyen une fois adulte dans son rôle de contributeur à la vie de la cité. Se concevoir « en dehors des structures traditionnelles d'enseignement et des systèmes éducatifs institutionnels » est d'une rare modernité. Loin de la diffusion des connaissances par un professeur des écoles, l'idée clé est d'autoproduire les savoirs par croisement avec des compétences et des témoignages issus de l'expérience d'autres citoyens. On peut toutefois souhaiter à l'éducation populaire un avenir plus ambitieux. Cette ambition a un nom : la *démocratie liquide*, et c'est tout un pari culturel.

Expérimentée au sein du Parti pirate en Allemagne et dans les pays nordiques, la « démocratie liquide » est une méthode consistant à déléguer son droit de vote à un citoyen de confiance sur une thématique bien définie. Si par exemple je n'ai aucune compétence médicale, je peux m'en remettre à quelqu'un en qui j'ai foi, et qui, par son métier ou ses centres d'intérêt dans la santé, par la proximité que je peux avoir avec ce tiers de confiance, va savoir juger mieux que moi et en conformité avec mes valeurs. La délégation n'est donc pas une simple procuration. Il s'agit d'un choix sciemment sous-traité au délégué. On confie la réponse à quelqu'un que l'on juge plus expert que soi, afin de créer progressivement les effets vertueux d'une démocratie… de la compétence !

Appliquée à l'éducation populaire, cette pratique de la démocratie liquide consisterait pour un citoyen à identifier une personne de confiance qu'il considère comme particulièrement qualifiée sur tel ou tel thème et à l'inviter à un atelier local ou comité de quartier. Cette personne deviendrait « l'expert profane » qui peut animer un débat instruit en partageant au groupe ses compétences et ses expériences. Illustration : rien ne remplace, pour sensibiliser les citoyens sur les réalités pénitentiaires, l'expertise informelle d'un aidant bénévole qui se met régulièrement au service de personnes incarcérées en maison d'arrêt afin de les aider à préparer leur réinsertion. Un correspondant de prison passionné par ce qu'il fait est le meilleur antidote contre les préjugés. Reconnaissons que dans tout collectif, la présence d'un expert profane combine le meilleur des deux mondes : nivellement par le haut et bienveillance des participants. Les échanges qui naissent, par la seule présence d'un individu « sachant » légitime, doivent devenir le ferment d'une démocratie qui replace le savoir au centre des débats. On peut imaginer qu'à tour de rôle, les membres d'un groupe d'éduc' pop identifient une personne référente de leur choix. On aura ainsi progressivement créé un système ambitieux de « conversations démocratiques » au sein même de la société civile. Voilà ce qui se produit lorsque des personnes « ordinaires », mais motivées et compétentes, se mettent au service de communautés apprenantes en suscitant une coconstruction des savoirs civiques.

Bien sûr, l'art de la démocratie liquide fait la part belle à la raison. C'est inévitable lorsqu'on se confronte à la connaissance d'un expert, fût-il « profane ». Il serait illusoire de penser que cette solution d'éducation civique relayée par les connaisseurs et les passionnés conviendrait à tous. À ceux qui se plaindraient de l'excès de sérieux de ces conversations éclairées, offrons-leur d'autres envolées. Proposons-leur de cheminer par le jeu des émotions.

C'est ce à quoi s'attelle la *fiction* quand elle se mêle de politique. Étonnant d'ailleurs que ce « détour » ne soit pas bien plus fréquemment exploité par nos élus ou futurs élus.

La tentation « *Pulp fiction* »

Dans un futur proche, quelque part aux États-Unis, ou dans le pays qui les a remplacés…

> Ma présence ici est illégale. Il nous est interdit de nous trouver en tête à tête avec les Commandants. Notre fonction est la reproduction ; nous ne sommes pas des concubines, des geishas ni des courtisanes. Au contraire : tout a été fait pour nous éliminer de ces catégories. Rien en nous ne doit séduire, aucune latitude n'est autorisée pour que fleurissent des désirs secrets, nulle faveur particulière ne doit être extorquée par des cajoleries, ni de part ni d'autre ; l'amour ne doit trouver aucune prise. Nous sommes des utérus à deux pattes, un point c'est tout : vases sacrés, calices ambulants.

Bienvenue dans *La Servante écarlate* de Margaret Atwood, la plus connue des écrivaines canadiennes. Un monde crépusculaire, dont les règles ont été instaurées par des fanatiques religieux qui ont transformé en esclaves sexuelles les quelques femmes encore capables de procréer. Un monde où ces femmes reproductrices sont vêtues d'un bonnet blanc et d'une cape rouge « écarlate » et n'ont d'autre choix que d'offrir leur fertilité à un Commandeur puissant et à son épouse.

Science-fiction littéraire ? Cauchemar de papier ? On aurait pu le croire à la sortie du roman de l'autrice féministe en 1985. Et pourtant… En juin 2022, soit trente-sept ans plus tard, la Cour suprême des États-Unis transforme la dystopie en réalité et met fin à un arrêt datant de 1973 garantissant le droit à l'avortement pour toutes les Américaines. Dans la foulée, treize États du pays font interdire l'IVG. Un choc pour les femmes du monde entier et un drame pour la défense de leur droit de disposer de leur corps.

Une fois encore, la réalité rattrape la fiction ! Au point de déclencher une vague de protestation mondiale, accompagnée de personnages du livre *La Servante écarlate* ou d'images de la série télé, pour rappeler les législateurs à la raison. Le costume rouge et blanc des femmes-utérus est devenu un symbole de résistance, la pop culture entre dans le champ politique par la porte du scandale. Avec le double avantage de se passer d'une traduction linguistique (l'image n'a pas besoin de sous-titres) et de susciter une émotion puissance dix. Même mécanisme à l'œuvre dans l'épisode édifiant de *Black Mirror*, « Chute libre », tiré de la saison 3 de la série britannique d'anticipation, qui montre les ravages de la notation des individus par autrui, en référence aux applications de VTC (de type Uber) ou aux sites d'évaluation de restaurants. Comment ne pas faire le parallèle avec la pratique bien réelle du « *rating* social » en Chine ? Procédé totalitaire qui consiste à noter les citoyens en fonction de leur comportement jugé vertueux ou incivique par le gouvernement, c'est selon. L'épisode en question de la série télé aura fait davantage pour sensibiliser le grand public aux risques et aux dérives du contrôle de l'État en matière de libertés individuelles que la plupart des réglementations européennes sur la protection des données personnelles. Difficile en effet de battre la charge émotionnelle que procure un récit qui bascule dans la psychose sur nos écrans télé ! La fiction n'a pas son pareil pour éveiller les consciences endormies.

Ce ne sont là que deux exemples parlants d'une réalité sous-estimée : la création culturelle reste le plus beau cadeau que la démocratie puisse se faire. Les films, les séries télé, les documentaires, la littérature, la science-fiction, la BD, la photo, les romans graphiques, le théâtre, la musique, les arts du vivant, les performances artistiques, même la mode – pourtant jugée si futile –, toutes les déclinaisons possibles de la création culturelle s'avèrent pertinentes pour aider à mobiliser l'opinion publique. Parce que la culture emploie un langage universel, celui du récit et des émotions. Rien n'adhère plus à l'âme humaine, rien ne réussit aussi bien à nous montrer qui nous sommes et comment se mettre à la place de l'autre, dans ce partage d'empathie qui permet d'ouvrir grand nos perceptions. En ce qu'il nous incite à reconnaître « soi-même comme un autre », selon l'expression de Paul Ricœur, l'art est une fabrique à « émotions démocratiques ». Margaret Atwood, interrogée par la journaliste Ezra Klein dans le *New York Times* sur le rôle sociétal d'un best-seller comme *La Servante écarlate*, déclarait : « Il y a une tendance puritaine à l'autoflagellation à gauche, selon laquelle si c'est fun, ça ne peut pas être bien. Ils passent à côté du sujet. Si ce n'est pas fun dans une certaine mesure, les gens ne passeront pas à l'action. » La politique ne peut plus être cet objet froid, inapte à émouvoir, car pétri d'idéologie et de rationalité. Au risque d'insensibiliser le chaland, comme en témoigne le nombre croissant de citoyens qui « décrochent » du jeu démocratique.

Bien sûr, les exemples de conscientisation politique par le recours à la fiction sont nombreux, et ils ne sont pas nouveaux. Le cinéma a une place à part parmi les arts en tant que dépositaire de la parole ordinaire, et parce qu'il agit de manière beaucoup plus mondialisée que la littérature par exemple. Il y aurait même une utopie du cinéma comme art total. En témoigne toute une tradition de films « sociaux », depuis Charlie Chaplin et *Les Temps modernes* (1936) ou *Le Dictateur* (1940), depuis Frank Capra et *Monsieur Smith au Sénat* (1939), ou John Ford et *Les Raisins de la colère* (1940), ou encore Costa-Gavras et l'inoubliable *Z* (1969)… Et la tendance s'est considérablement accentuée ces dernières années. Pour s'en tenir à une cuvée française tout à fait partiale, comment ne pas penser à *La Haine* (1995) de Mathieu Kassovitz, à *Ressources humaines* (2000) ou *Entre les murs* (2008) de Laurent Cantet, à *Ensemble, c'est tout* (2007) de Claude Berri, à *Polisse* (2011) de Maïwenn, à *La Loi du marché* (2015) ou à *Un autre monde* (2021) de Stéphane Brizé, à *Divines* (2016) de Houda Benyamina, aux *Misérables* (2019) de Ladj Ly et à tant d'autres films ? Certains acteurs, comme Vincent Lindon, se sont même spécialisés dans le cinéma de combat, donnant un visage et une voix (cassée et mobilisatrice) au discours syndical. Parallèlement, les séries politiques, souvent d'origine anglo-saxonne, font fureur depuis près de vingt ans : *Borgen*, *West Wing* (*À la Maison-Blanche*), *Homeland*, *House of Cards*, *Occupied*, toutes ces fictions américaines ou nordiques qui se déroulent au sommet de l'État explosent au box-office. Peur de la fin de la démocratie, peur du terrorisme, peur de la menace russe. Avec une mention spéciale pour *Baron noir* dans l'Hexagone, série plus vraie que nature, inspirée d'un personnage politique bien réel (Julien Dray, député PS), qui raconte sur un rythme effréné, dans des codes hyperréalistes, des histoires de trahison, de corruption, de pouvoir et de manipulation politique. Sans oublier, peut-être la plus ambitieuse de toutes les séries géopolitiques, *Game of Thrones*, qui ose des questions vertigineuses : comment accueillir les réfugiés ? Comment faire face au fanatisme religieux ? Qu'est-ce que la justice ? Triomphe de la *realpolitik*, du cynisme et du chaos, la saga de George R.R. Martin, devenue série sur HBO, offre au téléspectateur une grille de lecture du monde contemporain particulièrement sophistiquée et instructive. La revue américaine *Foreign Policy* ira jusqu'à considérer que les familles qui s'affrontent dans cet opéra visuel ne sont que des représentations des pays belligérants du Moyen-Orient, de l'Arabie saoudite (la famille Lannister) à Israël (la maison Tyrell) ou à Daech (les Marcheurs blancs). Le cinéma fantaisiste est mort, vive le cinéma engagé, vive le divertissement « gifle des consciences » !

À telle enseigne que l'on peut se demander pourquoi il n'existe pas davantage en France de sociétés de production spécialisées dans les films portant une cause ou visant un changement social. En 2022, depuis le Festival de Cannes, Marion Cotillard, Cyril Dion et Magali Payen (du collectif On est prêt) lancent

Newtopia, une société ayant la ferme intention de faire émerger des « récits ambitieux pour imaginer un autre monde », dans la foulée du succès planétaire du film d'Adam McKay, *Don't look up* (2021). Leur ambition ? Rejeter l'*American way of life* et proposer un style de vie bien plus écologique. Nul doute que ce nouveau registre de cinéma engagé aura le vent en poupe auprès d'un public de jeunes de plus en plus effrayés par l'actuelle marche du monde. Mais la France manque encore d'une locomotive de production pour soutenir ces nouveaux formats que les Américains ont baptisés « *entertainment for social change* », sur l'impressionnant modèle de la société Participant Media, créée en 2004 par l'entrepreneur et cofondateur d'eBay Jeffrey Skoll. L'ambition de cet ovni cinématographique ? Proposer un « *storytelling* visuel » permettant d'amplifier la prise de conscience des problèmes sociaux et de catalyser le changement social. Noble cause ! Depuis sa création, Participant Media a produit plus de cent films, a obtenu soixante-treize nominations aux Academy Awards et a remporté la bagatelle de dix-huit Oscars. Pour illustrer l'impact d'un film à portée politique de Participant Media, rien de plus évocateur que le superbe *Roma* d'Alfonso Cuaròn sorti sur la plateforme Netflix en 2018. Dans un noir et blanc stylisé anachronique, avec une image ultrapixellisée de toute beauté, le réalisateur mexicain raconte et dénonce la situation des femmes domestiques « indigènes » employées par les familles riches dans le Mexico des années 1970. Au-delà des qualités esthétiques et formelles indiscutables du film, qui lui valurent un Lion d'or à Venise, c'est l'histoire moins connue de sa valorisation politique qui est exemplaire. Selon la *Chief Impact Officer (sic)* de Participant Media, Holly Gordon, rien n'a été laissé au hasard dans le lancement idéologique du film. Une véritable campagne a été organisée aux États-Unis avec la National Domestic Workers Alliance et, à Mexico, avec le Centre de soutien et de formation des employés de maison en vue de défendre les droits des travailleuses domestiques. Un projet de loi a été voté par le Parlement mexicain après la sortie du film pour protéger, pour la première fois de l'histoire du pays, 2,5 millions d'aides ménagères à l'échelle nationale ! Au nord de la frontière, la campagne de lancement américaine prévoyait des projections de *Roma* suivies de tables rondes portant sur la protection des droits des personnels domestiques. Des membres du Congrès américain ont été invités à auditionner des femmes employées afin qu'elles partagent leurs témoignages, notamment auprès de la sénatrice de l'époque Kamala Harris, devenue aujourd'hui vice-présidente des États-Unis, dans le but avoué de faire naître un projet de loi sur les travailleuses ménagères (la plupart étant des femmes). Au-delà de la proposition législative à l'échelle fédérale, une initiative d'extension des lois antidiscrimination aux employés de maison à domicile a été lancée à Washington D.C. C'est bel et bien à une reconnaissance collective que le film et la campagne associée ont invité les personnels politiques et le grand public. Dans le même ordre d'idée, lorsque Participant Media a produit le film *On the Basis of Sex* (2018), qui portait sur le harcèlement sexuel au travail, la société de production a collaboré avec des cabinets d'avocats, de grands groupes tels que Lyft, Bank of America ou Salesforce, ainsi qu'avec des ONG et associations afin d'organiser plus de soixante-dix projections du film accompagnées ensuite de débats sur la place de la femme dans les entreprises.

En 2017, Participant Media devenait une B-Corporation certifiée, l'équivalent américain d'une société à mission, dont l'objectif est d'équilibrer rentabilité et utilité sociétale. « *Business for good* », répète à l'envi Jeff Skoll, son fondateur, ou comment utiliser, avec ambition, les ressorts de la narration fictionnelle afin de changer le monde. À quand un Participant Media français ? Peut-on *a minima* se mettre à rêver d'un retour d'une pratique disparue, celle du « tiers-cinéma » encore en vigueur en Amérique latine dans les années 2000 ? En tant que cinéma dit de libération, ce courant né en Argentine aspirait à développer des œuvres où s'exprimait une vocation foncièrement anti-impérialiste et anticolonialiste.

Un cinéma militant, un art de combat donc, à retenir non pas sur le fond (lequel est à la fois historique et très fortement lié à la critique exprimée par certains pays d'Amérique du Sud face à la domination des États-Unis), mais sur la forme. Car ce qu'il y avait de passionnant dans cette condamnation argentine du cinéma occidental, c'était le regard porté vers la « consommation » même de l'œuvre cinématographique. Replaçons-nous dans le contexte de l'époque : régime dictatorial, censure des moyens de communication, ingérence américaine dans les affaires du pays, c'est dans cet environnement dirigiste qu'est née la volonté d'exploiter toute la force du cinéma comme instrument culturel de libération nationale. Condamné à s'exprimer dans la clandestinité, ne pouvant faire sa place ni dans les circuits de distribution usuels ni dans les réseaux culturels établis du fait d'un contrôle policier constant (universités, syndicats, écoles, centres culturels), le cinéma militant argentin a dû créer de toutes pièces un réseau de diffusion hors des circuits légaux traditionnels. Ce réseau s'appuyait sur les associations populaires et mouvements politiques d'opposition et devait inventer ses propres lieux, à l'abri de toute surveillance des forces de l'ordre. Ce faisant, les usages ont tout naturellement évolué. Le réalisateur Fernando Solanas, figure clé de ce mouvement d'émancipation culturelle, contribue au milieu des années 2000 à inventer une nouvelle forme de socialisation autour du film. Pour reprendre ses propres termes : « Si l'on pense à ce qui se passe habituellement dans le cinéma traditionnel, on se rend dans une salle, on y projette un film et le seul droit qu'on a est de rester ou partir. » Solanas remet profondément en cause ce postulat consumériste d'un cinéma vu comme une salle de spectacle avec écran et fauteuils, un prix d'entrée, des horaires imposés et un rapport écran-spectateur qualifié de « bourgeois ». Rapidement s'expérimentent de nouvelles pratiques, très éloignées des normes et conventions du cinéma de loisir. Le film devient un prétexte à réfléchir, la salle de cinéma, un lieu de dialogue et de débat et, par là même, de coélaboration d'une conscience sociétale.

> Ceux qui venaient aux projections que nous organisions le faisaient pour s'informer et prendre contact avec quelque chose de plus important que les films : la lutte de libération de notre peuple et des peuples frères. Le fait cinématographique comme tel était tout à fait secondaire. On n'était pas dans une salle de cinéma, personne ne se sentait pris dans son fauteuil. Les films servaient de détonateurs, de stimulants, suscitaient les échanges et le dialogue. Ceux qui venaient à ces projections prenaient des risques, car elles étaient illégales. Ceci créait un climat de fraternité, de communication populaire, un lieu de camaraderie et d'échanges d'une valeur inégalable,

sans commune mesure avec ce que peut donner un film qui, une fois terminé, ne peut apporter qu'un témoignage du passé puisqu'il est toujours dépassé par rapport au moment où il se situe.

Ce témoignage de Fernando Solanas méritait une citation complète tant il traduit l'essence même de ce à quoi pourrait ressembler une « démocratie ovni culturel », une pop démocratie. Passer d'une pratique où le cinéma est « consommé » de manière passive à une dynamique de transformation des mœurs par la participation populaire. En somme, faire renaître la camaraderie et le dialogue autour du sens.

Impossible de conclure sans noter que le cinéma n'est pas obligé de traiter de sujets sérieux pour obtenir ses galons de militance. Il peut aussi n'être politique que par son ton et son style. Jean-Luc Godard est militant quand il invente un cinéma qui déborde de vie, qui délaisse la facilité d'un scénario, qui entre avec impudeur dans l'intime au travers de scènes qui durent plus de vingt minutes. Tel un anthropologue, le cinéaste observe les rituels de ses personnages, surtout lorsqu'ils font sécession d'une époque à l'étroit, gaullienne ou pompidolienne. S'il y a du politique chez lui, il réside dans sa remise en cause du cadre, du montage, du mouvement. « JLG » ne fabrique pas un cinéma qui traite de la révolution, mais un cinéma qui *est* révolutionnaire. Et son geste le plus militant sera peut-être le choix de mettre un terme à ses jours par suicide assisté, et de le faire savoir… Bien loin du style nouvelle vague, les images insoutenables du dernier film de Pier Paolo Pasolini en 1975, *Salò ou les 120 journées de Sodome*, sont aussi éloignées du quotidien qu'il est possible de l'être. Allégorie sexuelle et coprophage, l'adaptation du roman le plus sulfureux du Marquis de Sade restera l'un des films les plus controversés de tous les temps. Pasolini s'attaque à ce qu'il appelle une « catastrophe anthropologique », un « génocide culturel », c'est-à-dire la disparition du prolétariat italien, écrasé par le consumérisme. L'individu réduit à un corps objet devient une marchandise victime d'un libéralisme hyperviolent. Mais ce n'est pas le contenu du film – les cercles de l'Enfer de Dante rejoués dans le château d'un État fantoche – qui se veut politique, c'est son contenant : un style insupportable, scandaleux, monstrueux. La fiction formelle poussée à l'extrême afin de créer un électrochoc dans le public.

Pari gagné.

Bienvenue aux imaginaires citoyens

Ouf ! Reprenons un peu de respiration positive. Le septième art, après tout, est (aussi) là pour nous faire rêver. Mais peut-on alors rêver *ensemble*, avec les citoyens, du cinéma ? Autrement dit, peut-on le concevoir collectivement, ce cinéma, afin qu'il reflète mieux nos visions du monde ? Ce serait quand même stimulant si nos désirs, nos tensions, nos dilemmes et nos solutions face aux enjeux collectifs ne se contentaient pas de *transpirer* dans le cinéma, en toile de fond, mais s'ils en devenaient les véritables héros. Combien de temps faudra-t-il attendre pour voir un grand film français sur l'indépendance de l'Algérie ? Quel réalisateur sera le premier à traiter le phénomène des Gilets jaunes sur grand écran ? La BD, bien que timide, aura été plus réactive. Pas étonnant que les historiens continuent à ne pas considérer l'art cinématographique parmi les sources crédibles de leurs recherches. Ils lui préfèrent les Archives nationales, les cadastres et les squelettes. Car c'est un fait, la société est très souvent en avance sur son cinéma. Ce dernier s'installe dans la roue du réel, avec plus ou moins de bonheur, avec plus ou moins de retard.

C'est sur cette question philosophique qu'est née, fin 2022, l'initiative singulière « d'Assemblée des imaginaires citoyens ». Impulsée par l'Ademe (l'Agence de l'environnement et de maîtrise de l'énergie), la société Bluenove et le collectif de scénaristes Atmosphères, cette démarche est une première mondiale en matière de création cinématographique *politique*. Son fait générateur ? Une frustration des spectateurs face à l'offre de fictions censées alerter sur le défi climatique ! Chaque époque est en effet reflétée dans les récits audiovisuels qu'elle contribue à faire naître. Or, les enjeux actuels de la transition écologique semblent trop neufs, trop complexes aussi. Ils ne sont que très imparfaitement intégrés dans ces récits (réchauffement climatique, transition vers l'autonomie alimentaire, sobriété énergétique et productive, redéfinition d'une nouvelle abondance, nouvelle économie circulaire, etc.). Les séries et les films (mais on pourrait en dire autant des romans, des nouvelles ou des BD) ne sont tout simplement pas à la hauteur de la crise du climat. L'inspiration « classique » de la production audiovisuelle et narrative sur ces enjeux du vivant provient de sources journalistiques et éditoriales de type « fin du monde », dans un imaginaire dystopique et catastrophiste, ou dans des schémas démagogiques sans nuance. Faire des films (ou écrire des livres) qui intégreraient les codes réalistes, incarnés, éprouvés de la société postcarbone nécessite de mutualiser bien davantage la parole citoyenne et les récits du quotidien. Cela signifie mobiliser le vécu, les perceptions, les désirs et les attentes du corps social dans son ensemble, au-delà de ce que les scénaristes, écrivains, producteurs ou diffuseurs pourraient imaginer seuls dans leur coin.

Voilà à quoi s'attelle l'Assemblée citoyenne des imaginaires : créer un projet fictionnel collaboratif et « augmenté », à fort impact populaire, dont le processus d'écriture, de réalisation et de diffusion implique à la fois un panel de mille citoyens ainsi que toutes les parties prenantes professionnelles de la chaîne de fabrication audiovisuelle (scénaristes de cinéma et de séries télé). En amont, les citoyens se réunissent dans des assemblées locales, dans différentes villes françaises. Ils partagent des récits et des témoignages de vie, évoquent des futurs rêvés et écrivent à plusieurs des « histoires désirables » sur le monde postcarbone. En aval, ces témoignages et récits sont synthétisés afin d'alimenter et d'inspirer le travail de scénaristes professionnels. Le résultat de cette écriture en deux temps, mi-profane, mi-professionnelle, est alors transformé en œuvres audiovisuelles. Au moment où ces pages sont écrites, le projet est en cours et commence à réunir des centaines de citoyens apprentis auteurs. Une fois prolongés et enrichis par des créateurs de contenus professionnels, les récits pourront être soumis – par voie de commentaires, réactions, enrichissements et votes – aux communautés citoyennes ayant contribué en amont de la démarche, dans une logique de « communautés de fans » semblables à celles qui réagissent à un manuscrit littéraire, à un jeu vidéo ou à l'univers d'un film (il suffit de penser à l'activisme créatif des fans de *Star Wars* qui inventent des suites ou des personnages secondaires). L'aller-retour avec les citoyens permettra de bonifier les histoires au fur et à mesure de leur écriture par des auteurs de métier. Il garantit le maintien d'un lien entre la fiction et le vécu concret des futurs spectateurs. Ces échanges doivent également entretenir l'engagement des citoyens jusqu'à la production finale des œuvres audiovisuelles au travers de mécanismes d'incitation, proches de ceux utilisés dans le financement participatif (apparition des contributeurs les plus actifs au générique ou en «préface» des œuvres, etc.). En somme, une petite révolution dans le monde secret et opaque des auteurs de contenus sur TF1, Netflix ou Canal+. Et un sacré déboulonnage du statut pétrifié des créateurs professionnels, car, dès lors qu'il est question d'intérêt général, il semble assez légitime d'impliquer les premiers concernés, les habitants de la planète Terre!

Même s'il faut bien constater, réalisme oblige, que demander aux citoyens de se projeter dans un scénario souhaitable n'est pas un exercice facile ni naturel. Mouchons immédiatement la démagogie qui pointe son nez: se poser la question à froid d'une vision désirée du monde, le fameux « monde d'après », c'est l'assurance d'un retour à une ruralité bienveillante, à un monde sans voitures, à une paysannerie sympathique et responsable, à des fermes sur les toits des immeubles de centre-ville et à des référendums suisses tous les dimanches. En d'autres termes, sans paraphraser Truffaut, le bonheur ne fait pas toujours un bon film.

Tout bonnement parce que rien n'est plus difficile que d'imaginer l'avenir sans *introspection* préalable. C'est le constat fait par feu le philosophe Bruno Latour lorsqu'il nous posait la question du « où atterrir » demain pendant la crise sanitaire. Constat désobligeant pour l'esprit humain, nous ne sommes pas doués pour accoucher d'un monde idéal. Il est bien plus efficace d'être accompagné pour le faire – et tant pis pour le paradoxe. Pragmatique, Bruno Latour nous aura proposé un outil de discernement sous la forme de questions à se poser très concrètement : « De quoi sommes-nous vraiment dépendants ? Sur quel territoire, sur quel "terrain de vie" voulons-nous vivre ? À quoi sommes-nous prêts à renoncer ? » Voilà les jalons nécessaires pour se projeter. Étant donné que l'homme signe dorénavant sa présence sur Terre de manière irrémédiable, il est devenu essentiel d'intégrer cette dimension territoriale dans la manière dont nous imaginons l'avenir. « Avez-vous remarqué que les émotions mises en jeu ne sont pas les mêmes selon que l'on vous demande de défendre la nature – vous bâillez d'ennui – ou de défendre votre territoire – vous voilà tout de suite mobilisé ? », affirmait non sans ironie Bruno Latour, insistant sur la nécessité de changer notre regard sur les choses. Voilà pourquoi le jeu des imaginaires citoyens est tout sauf une évidence. La science-fiction participative, d'accord, mais dans un cadre intellectuel bien défini.

Faisons confiance au philosophe. Il s'est rarement trompé.

God save the ~~Queen~~ People!

Après les lendemains qui chantent, le présent qui plombe, sous forme de flash-back. Souvenez-vous de la naissance d'un mouvement musical en Angleterre qui aura fait l'effet d'une bombe, un raz-de-marée audio et culturel sans précédent : le mouvement punk.

En 1972, trois copains de classe, Cook, Jones et Nightingale, décident de monter un groupe de rock qui deviendra quelques années plus tard… les Sex Pistols. Johnny Rotten et Sid Vicious ne sont pas encore là, mais les trois *bad boys* commencent à fréquenter une petite boutique de fringues de King's Road, baptisée *Sex* (d'où sera tiré le nom des Sex Pistols). Le magasin est tenu par un duo fantasque : Malcolm McLaren et Vivienne Westwood. McLaren est un personnage parfaitement extravagant. Inspiré des situationnistes français, sorte de militants d'ultragauche des années 1960 contre la société de classes, il veut renverser les références esthétiques en réutilisant les slogans publicitaires et en s'attaquant à l'imagerie marketing de la grande consommation. C'est au cœur de cette boutique de l'underground londonien, animée par l'activiste déjanté McLaren, que les Sex Pistols vont jeter les bases d'un mouvement qui va révolutionner la politique du pays. Une lame de fond fugace (le choc ne durera que quelques années), mais d'une puissance inouïe, qui fera prendre conscience à une génération entière de jeunes Britanniques qu'ils doivent passer d'un monde où l'on était déjà vieux à trente ans à un monde où, même sans aucun avenir ni modèle (le fameux *No future*), on peut faire le choix de dire non. Sales et volontairement bêtes, leur analphabétisme affiché autour du cou, les punks ont pourtant incarné des valeurs incroyablement progressistes, collantes dans la société comme un parterre recouvert de bière. De l'antiautoritarisme au fameux *do-it-yourself*, ces deux valeurs ont été érigées en principes suprêmes de l'authenticité punk. En ce sens, le punk est devenu la possibilité même de reprendre le monde en main, sans savoir-faire technique, sans formation adaptée, sans capital social, sans « réseau d'amis » influents et dans le refus le plus radical d'abandonner son sort aux industries culturelles et au système politique. Quelle modernité ! Le DIY est aujourd'hui, quarante ans plus tard, le ferment d'une philosophie de l'écologie et certainement un modèle de sobriété et de frugalité économique. « Tu m'as donné ta boue et j'en ai fait de l'or », écrivait Baudelaire dans l'appendice aux *Fleurs du mal*. Le punk aura ainsi contribué à rappeler que « toute éducation esthétique est aussi une éducation morale ». Il n'est pas de sous-culture qui se soit efforcée de manière plus impitoyable et blasphématoire de renverser le monde. En ce sens, la vague punk aura peut-être été au Royaume-Uni aussi importante que Mai 68 en France. Sans pavés ni CRS, mais avec des guitares, du larsen, de la provoc et des bouches ouvertes dévoilant une dentition pourrie. Difficile d'imaginer qu'un programme issu d'une gauche contestataire puisse avoir le même niveau d'impact…

Alors bien sûr, le punk n'a pas l'exclusivité de la collusion avec le politique. Tout comme pour le cinéma, l'engagement et la chanson ont une histoire commune depuis des décennies. Tout le monde a en mémoire – même ceux qui n'étaient pas nés – le grand concert Live Aid en juillet 1985 en faveur de la lutte contre la famine éthiopienne. La liste sur scène est unique dans l'histoire du rock, jugez sur pièces : U2, Simple Minds, Queen, David Bowie, Led Zeppelin, Dire Straits, The Who, Paul McCartney, Elton John, Wham!, Phil Collins, Sting, Madonna, Status Quo, Tina Turner, Mick Jagger, Eric Clapton, Neil Young, Santana, The Beach Boys, Duran Duran, Black Sabbath ou encore Bob Dylan ! C'est à se demander qui, parmi les chanteurs qui comptent dans la sphère musicale de l'époque, n'a pas répondu à l'appel. Les plus grands groupes de la décennie ont ainsi prêté leurs voix à la cause politique de la faim dans le monde, devant deux milliards de personnes dans plus de cent pays. *Big (impact) is beautiful.*

Pourtant, on touche là à une sensibilité politique particulière. Un tel événement planétaire met en lumière une cause mondialisée, symbolique d'un combat universaliste : l'éradication de la famine, l'un des dix-sept objectifs du développement durable élaborés dans le cadre du programme Agenda 2030 de l'ONU. Suivront des rassemblements de même nature contre l'apartheid (réécoutons le mégaconcert de Wembley en 1988 en soutien à Nelson Mandela). Pour la première fois, on commençait à réaliser qui était ce formidable défenseur sud-africain des droits des opprimés. Toute une génération a allumé ses briquets – et plus tard ses téléphones portables – sur *Sunday Bloody Sunday* de U2 ou *Belfast Child* de Simple Minds, chansons culte qui faisaient référence à des événements ou à des combats politiques symboliques, pourtant très éloignés du vécu des Français. La déconnexion entre l'engouement mondialisé pour une forme de concorde internationale sur des valeurs insurpassables et la fin de mois difficile des ménages est en effet étourdissante. Qu'en est-il de la chanson engagée qui raconte notre quotidien ? Quid de la scène musicale qui ne viserait pas la « grande politique », celle des ambitions diplomatiques, mais le très concret projet de proximité ? Depuis Live Aid, on a vu s'épanouir un florilège de tubes de combat, contre la guerre, contre le racisme, contre l'homophobie, contre le réchauffement climatique, contre la peine de mort. Mais il est encore un ensemble de thèmes socio-économiques qui échappent à la chanson engagée : les inégalités, les injustices, le pouvoir d'achat, les services publics, la santé, l'éducation, la perte d'autonomie, l'aménagement du territoire, l'Europe… En ce sens, constatons que le punk français de Trust avec son « antisocial, tu perds ton sang-froid » est bien plus enraciné que la plupart des mégatubes planétaires qui défendent une noble vision du monde plus proche de la « métapolitique ». En quoi il faut reconnaître que Jean Ferrat, Léo Ferré, Georges Brassens, Renaud ou Bernard Lavilliers sont sans doute parmi les vrais chanteurs engagés, de ceux dont on pourrait dire qu'ils ont été les porte-parole de toute une génération d'invisibles et de laissés-pour-compte. Sans négliger l'impact sociétal, dès les années Mitterrand, de chanteurs moins politiquement « étiquetés », comme un Jean-Jacques Goldman qui chante *Elle a fait un bébé toute seule*, un Michel Sardou avec son « femme des années 80 », ou un Cookie Dingler qui nous rappelle qu'être une femme libérée, « tu sais, c'est pas si facile » (mais c'est possible)… Le féminisme, c'est aussi un refrain que l'on garde toute sa vie en tête ! Au-delà de nos frontières musicales hexagonales, difficile de ne pas évoquer les vrais durs de la contestation et des « *protest songs* » nord-américains, le « Boss », Bruce Springsteen, John Lennon, Bob Dylan, Joan Baez ou Woody Guthrie. Tout un répertoire de chansons politiques et syndicales, de chants de lutte nés au cours des conflits miniers, d'odes à la défense des droits civiques ou en opposition à la guerre du Viêt-nam. Le folk (ou tout autre style musical contestataire, comme le reggae, la nueva canciòn latino-américaine ou un certain rock alternatif) réussit à dire en quelques minutes, avec plus de poésie que de rigueur, plus d'humour que de sérieux, plus de provocation que de mesure, ce que des centaines de livres ou de discours expliquent par le menu. Abstraction faite de la profondeur, il y a entre deux notes de guitare un fond de rhétorique qui participe du militantisme. Aucune de ces chansons ne sauvera le monde, mais elles peuvent faire mieux que les pamphlets, manifestes ou cours de philo : mettre des auditeurs de tous âges sur le chemin de la conscience politique, avec des premiers questionnements et des premières réponses. En trois minutes et quelques rimes dans un refrain, c'est à un éveil que l'on assiste. Comme dit le chanteur ivoirien Tiken Jah Fakoly : « Un reggae man qui ne s'intéresse pas à la politique devrait faire du zouk ! »

Encore plus cash, et nettement plus polémique, la scène rap et hip-hop continue de creuser son sillon (de vinyle). Une grande part de la production rap véhicule un témoignage bien plus révélateur du concret des gens que beaucoup de réquisitoires au palais Bourbon. N'en déplaise à Éric Zemmour, qui considère le rap comme la manifestation d'une sous-culture d'analphabètes, ce mouvement musical a pris une part considérable dans l'expression de la France des banlieues. Né de l'influence de la culture hip-hop dans les années 1970 dans le Bronx à New York, le rap « conscient » respecte le plus souvent un principe de nature profondément politique : chaque artiste est censé « représenter » au travers de sa musique son quartier, voire sa communauté. Il en est donc, en quelque sorte, le « député » putatif, dénonçant la violence ordinaire et les discriminations ou faisant l'apologie de l'afrocentrisme. Une démocratie de voyants plus que de voyous. En 1995 sort le film *La Haine*, de Mathieu Kassovitz, qui traite des bavures policières et du rôle de la société dans l'entretien de ces dérives. La bande originale de ce long métrage est à jamais inscrite au panthéon des plus grandes œuvres du rap français : Expression Direkt, Sté Strausz, les Sages Poètes de la rue, Ministère A.M.E.R. ou encore La Cliqua. Quelques années plus tard, en 1997, une bombe explose sur les ondes avec le morceau collectif *11'30 contre les lois racistes* au profit du Mouvement de l'immigration et des banlieues, réponse subversive aux lois Debré qui durcissaient les conditions d'entrée et de séjour des étrangers en France. Le mouvement est lancé, les NTM, Sniper, Youssoupha, Pit Baccardi, IAM et tant d'autres expriment la colère et la révolte de toute une classe sociale jusque-là inaudible. « J'ai appris que même l'école fait des ravages. On te parle de Bonaparte comme une idole, mais pas de l'esclavage. » Ce rap-là se distingue du rap « *ego trip* » (qui se consacre à l'autopromotion des groupes), du rap « festif » (dont les sujets sont indissociables du *party time*: sorties nocturnes, conquêtes amoureuses) ou encore du « *gangsta* » rap (qui privilégie un mix sulfureux liant l'argent, les femmes, la drogue, la violence, les armes à feu).

Peut-être davantage que dans d'autres styles musicaux, c'est le débit, la prééminence et la brutalité des mots qui l'emportent. Souvent, un tube de rap est d'ailleurs plus déclamé que chanté, ce qui en fait un genre par nature revendicatif. C'est aussi et surtout l'opportunité que se donne le chanteur de se fabriquer un espace de liberté lui permettant d'asséner un discours sans être réduit au silence, interrompu par plus instruit que soi ! Le fait même de *pouvoir dire* sans entrave déclenche une *envie de dire*... Parole de rappeur :

> Quand tu mets lecture sur un son, y'a personne pour te couper la parole et te dire « ouais, mais... » Nan, t'es obligé d'écouter le son jusqu'à la fin. Et c'est ça qu'est fort dans un son. Et surtout dans le rap. [...] Alors que dans une discussion, y'aura toujours quelqu'un qui aura plus d'aisance que toi et qui te fera passer pour un débile, même s'il a moins de vocabulaire que toi. Mais dans un morceau, personne peut te couper la parole, c'est ça qu'est bien. Et la plupart de ces sociologues à la con, eux, comme ils ont l'habitude des débats, ils vont réussir à te faire fermer ta

gueule facilement parce que… l'intimidation du discours. […] Quand tu écris, y'a pas un autre mec avec un stylo qui intervient sur ta feuille qui dit « nan, dégage ton stylo, j'vais écrire à ta place ». Nan, c'est toi qui es devant ta feuille.

Difficile d'être plus éloquent sur la force comparée de l'expression musicale par rapport au fameux « débat public », qui fait mine d'oublier les différences de capital social et culturel entre protagonistes. Alors certes, il ne faut pas céder à l'angélisme : nombre de paroles de rappeurs n'hésitent pas à narguer la loi, à « casser du flic », voire à en appeler directement à la violence. On se souvient de la chanson *PLB (Pendez les blancs)*, en 2018, du parisien Nick Conrad dans laquelle il chantait : « Je rentre dans des crèches, je tue des bébés blancs, attrapez-les vite et pendez leurs parents, écartelez-les pour passer le temps, divertir les enfants noirs de tout âge, petits et grands. Fouettez-les fort, faites-le franchement, que ça pue la mort, que ça pisse le sang. » On se souvient également du scandale : « Pas de paix sans que le poulet repose en paix, est-ce que tu le sais ? » de Ministère A.M.E.R (1995), qui appelait au meurtre de policiers ; on n'a pas oublié la provoc aussi symbolique qu'inélégante : « L'État français j'lui fais sa fête, nique sa grand-mère le 14 Juillet, négro, pour enculer Marianne faut juste les papiers pour s'essuyer » d'Ateyaba

(2014) ; ou encore la *punchline* choc : « Tous les jours, RAF de la Shoah » de Freeze Corleone (2016). Mais il serait trop facile de brandir ces excès pour disqualifier tout un genre. Certes, cette vague de rap ultra suscitera la colère des politiques (et parfois même des magistrats) en réaction à des paroles jugées trop violentes, trop sexistes, trop xénophobes, trop anti-France. Et il n'est pas interdit de penser que cette émotion des institutions aura calmé les ardeurs, à coups d'annulations de concerts, de chantages aux subventions culturelles ou de procédures en référé. Né plutôt d'une musique de club, le genre musical revient aujourd'hui à ses origines festives, marginalisant quelque peu l'expression militante des années 1990 et 2000. Les ténors du rap de 2023 ne sont plus tout à fait les rappeurs engagés de la première vague. En tout cas, ceux qui maintiennent un message militant le font de manière moins directe, moins exclusive, s'autorisant une ou deux chansons engagées par album, sans dédier l'ensemble de leur création à un combat. Les réseaux sociaux et la réaction des associations et de la classe politique, devenues très sensibles à la remise en cause des principes républicains, ont certainement tracé des lignes rouges. Alors, trop confrontant comme mode d'expression ? Trop trash ? Trop agressif ? Ou injustement pénalisé par les hors-jeu de certains qui ont pu disqualifier l'ensemble de la production aux yeux des décideurs et de l'opinion publique ? Ce serait se méprendre sur la fonction politique de l'engagement musical. Pas plus que pour le punk des Sex Pistols, il ne s'agit pas de *faire de la politique* à coups de rimes et de diction survitaminée, mais de créer une première *conscience politique* au sein de populations qui n'en avaient pas. Paroles explicites, images chocs, musique cadencée, tout cela crée une première expérience « primale », charnelle et instinctive, qui fonctionne comme un concentré de documentaires-vérité. Surtout, entrer dans l'univers du rap, ce n'est pas seulement écouter de la musique sous son casque, c'est fréquenter un *milieu*, un underground. C'est se retrouver au pied de l'immeuble ou au *skate park*. En tant que subculture, le rap et le hip-hop fabriquent une communauté émotionnelle, une sorte d'affiliation à une grande famille d'adoption d'où émergent des identités, arrivées politiquement vierges, puis devenues « initiées ». L'amitié autour du rap devient ainsi le terrain d'expérimentation d'un éveil politique qui est autant le fruit d'un son que celui d'une fratrie. Cet éveil vivra alors sa vie ultérieurement, par d'autres voies, associatives ou militantes. Comme il existe une préhistoire, la musique aura été, en somme, de la prépolitique.

Destins identiques, quand Jamel Debbouze, Omar Sy, Éric et Ramzy déboulent en 1995 sur Radio Nova, ils inventent le stand-up black-beur. Ils sont des rappeurs ayant opté pour la vanne. Seuls quelques rares humoristes non blancs les ont précédés, comme Smaïn, Michel Boujenah ou Élie Semoun à la fin des années 1980. Pour la première fois, des immigrés ne sont pas moqués par des Blancs (on se souvient du sketch *L'Africain* de Michel Leeb, inaudible aujourd'hui). Non, ils se moquent d'eux-mêmes, parlent en leur nom. Et livrent un témoignage hilarant et cash sur la « *loose* » des banlieues, le délit de faciès ou l'ascenseur social bloqué à la cave. Lorsque Jamel dit à son frère, sur le plateau du *Grand Journal* à Cannes, « préviens les autres, je la ramène ! » en parlant de sa voisine de gauche, le mannequin Laetitia Casta, il fait implicitement référence aux pratiques des tournantes sexuelles dans les parkings des grands ensembles. L'humour qui dénonce, l'humour qui décape. Flash-back : l'inventeur du stand-up américain, Richard Pryor, dans un spectacle précurseur de 1978 à Long Beach, mime une scène qui anticipe tragiquement le meurtre, quarante ans plus tard, de George Floyd, cet Afro-Américain de 46 ans, étouffé par un policier blanc à Minneapolis. Le rire est aussi de la prépolitique… De porte-parole facétieux des banlieues, Jamel Debbouze sera devenu « citoyen » responsable, quand il recommande d'aller voter en 2002 et qu'il coproduit en 2006 le film *Indigènes* pour une meilleure reconnaissance des combattants d'Afrique du Nord. Au registre des engagés, les humoristes ne sont pas les derniers. Ils sont aux avant-postes du « front culturel ».

Ils sont aujourd'hui rejoints dans le champ politique par des créatifs historiquement bien plus discrets : les dessinateurs. Difficile en effet de passer à côté du pouvoir croissant de la BD et du roman graphique dans la fabrique d'une morale. L'énorme succès de librairie de la bande dessinée *Le Monde sans fin* est bien une nouvelle preuve de ce qui est actuellement en marche : créer le désir de changement en étant plus accessible. Cosigné par l'ingénieur et concepteur du bilan carbone Jean-Marc Jancovici et par l'illustrateur de bande dessinée Christophe Blain, ce « dialogue graphique » de près de deux cents pages nous explique en mode visuel, sur un ton ludique assumé, tout ce qu'il faut savoir sur l'énergie : comment la produit-on, comment la consomme-t-on, comment influe-t-elle sur notre mode de vie, comment modèle-t-elle notre environnement. Planche après planche, bulle après bulle, Jancovici montre, à grand renfort de pédagogie, de quelle manière notre monde est devenu progressivement dépendant de l'énergie qu'il consomme de façon exponentielle. Avec dix tirages successifs et trois cent mille copies vendues en quelques mois, il fait mieux que le roman *Anéantir* de Houellebecq. « Le carbone cartonne », titre *Libé* pour saluer l'événement de librairie. Jean-Marc Jancovici reconnaîtra qu'une seule BD aura eu plus d'impact auprès du public que trente ans de conférences et d'interviews.

Voilà à quoi sert le meilleur de la culture.

Et si la démocratie était un jeu vidéo ?

> Londres a sombré dans un cauchemar d'oppression, mais vous pouvez encore secouer sa torpeur. Ralliez la résistance pour retourner les armes et les technologies de la ville contre ceux qui tirent les ficelles…

C'est en ces termes que le jeu vidéo *Watch Dogs Legion* d'Ubisoft a été lancé en 2020 auprès de la communauté des *gamers*. Face aux derniers Londoniens en sursis jaillit une flopée d'ennemis, dans la droite ligne de l'imaginaire traditionnel du jeu sur consoles : le crime organisé se livre à des activités illicites sur le *dark* web, les « futuristes » déploient une armée de robots dopés à l'intelligence artificielle, les sociétés militaires privées louent leurs mercenaires à des prix cassés, le Signals Intelligence Response, entreprise spécialisée dans le renseignement, dévoile sa prodigieuse et effrayante technologie de surveillance. Face à ce chaos, DedSec, un foyer *hacker* de résistance, apparaît comme l'ultime planche de salut pour les citoyens opprimés. Une fois n'est pas coutume, Ubisoft assume un message sociétal clair, formulé par son concepteur canadien Clint Hocking : « Travailler ensemble à construire un monde meilleur ! » Par ce plaidoyer démocratique, *Watch Dogs Legion* remet ainsi en lumière une facette souvent discutée du dixième art : sa dimension politique.

La même année 2020, celle des premiers confinements liés au Covid, était inaugurée *The Uncensored Library* (la bibliothèque libre), une scénarisation visuelle accessible sur le jeu le plus vendu de tous les temps : *Minecraft*. Créée par l'ONG Reporters sans frontières, cette infrastructure parallèle, bâtie grâce aux *voxels* bien connus de *Minecraft* (des petits cubes qui s'agencent entre eux comme un puzzle digital), prend les traits d'une splendide bibliothèque art nouveau dont la vocation première est de contourner la censure de tous les pays ne respectant pas la liberté de la presse. Nous voilà confrontés à un design de jeu digne d'un monde fantasmé (même si les fonctionnalités et le rendu graphique sont assez frustes en comparaison du *Watch Dogs Legion* d'Ubisoft), dans une ambiance délicieusement surannée de type Crystal Palace londonien, du nom de ce vaste palais d'exposition en fonte et en verre construit pour abriter l'exposition universelle de 1851 dans la capitale britannique et détruit depuis. Au centre du bâtiment se dresse une salle immense, baptisée le Dôme et surplombée par un planisphère géant, qui présente une collection d'articles censurés dans une centaine de pays. L'édifice en 3D dispose de cinq ailes dédiées à des États jugés « voyous » sur le plan des libertés de la presse : le Mexique, la Russie, l'Arabie saoudite, l'Égypte et le Viêt-nam. Chacun de ces cinq pavillons met à disposition plusieurs articles et témoignages censurés, rédigés dans la langue du pays et traduits en anglais. Par l'entremise de pupitres de lecture, le joueur peut avoir accès aux contenus de ces textes, souvent rédigés par des activistes ou des intellectuels emprisonnés. Une sixième aile a été récemment ajoutée, consacrée au Covid-19 et à son traitement médiatique contestable dans une dizaine de pays du monde.

The Uncensored Library correspond à un type de jeu vidéo distinct de celui d'Ubisoft, baptisé « bac à sable », car il n'a pas d'objectif prédéfini et laisse le joueur maître de son parcours, faisant appel à sa curiosité et à sa créativité. Le jeu se présente comme un parcours aléatoire qui vise à restituer de manière divertissante un ensemble de documents soutenant les droits fondamentaux dans le monde. Il faut y voir un premier pas vers la vulgarisation d'une prise de conscience politique chez les jeunes, habitués à la grammaire visuelle d'un décor *Minecraft*, mais rarement exposés aux écrits des opprimés et dissidents politiques ! Poussant encore plus loin la logique de réflexion, *Democracy 4*, développé par Positech Games, est un des leaders mondiaux du jeu politique : il permet aux participants de gouverner directement un pays… Au choix, les États-Unis, le Canada, le Royaume-Uni ou l'Allemagne. La plateforme offre une très grande variété de politiques publiques marquées par l'opposition idéologique nord-américaine entre conservateurs et démocrates : faut-il baisser les impôts et laisser libre cours au libéralisme ? Faut-il au contraire protéger les personnes défavorisées et augmenter la fiscalité ? La priorisation des mesures et la promulgation des lois permettent aux joueurs d'exprimer leur vision de la société, tout en cherchant à préserver leur cote de popularité pour les prochaines élections au travers d'une accumulation de « points de capital politique », trimestre après trimestre. Chaque nouvelle édition de *Democracy 4* apporte son lot de sophistication dans l'ingénierie de gouvernement. La dernière version de 2022 intègre ainsi toute une panoplie d'artefacts, notamment – excusez du peu – une agence anticorruption, le concept d'état d'urgence, l'accès à des caméras corporelles, la construction de murs aux frontières, un marché de crédits carbone, le contrôle des capitaux, l'évolution des régimes carcéraux, la divulgation de nouvelles armes policières, l'efficience de majorités parlementaires absolues ou relatives, et même certaines subtilités procédurales liées au *quantitative easing* (politique monétaire par laquelle une banque centrale rachète massivement de la dette publique afin d'injecter de l'argent dans l'économie pour stimuler la croissance). Forts de ces ressources, les joueurs sont confrontés à des événements de type « stress démocratique » : krach des cryptomonnaies, marée noire, pandémie, cyberattaque, tuerie de masse, crise des réseaux sociaux, scandale politique, affaire d'État, déclaration de guerre, etc.

L'imagination n'a pas de limite au chapitre des désastres angoissants. On le voit, *Democracy 4* révèle l'amour des développeurs de jeux vidéo pour les univers de type fin du monde. Ce n'est probablement qu'un péché de jeunesse qui peut traduire l'atavisme d'une industrie trop longtemps biberonnée à une obsession guerrière et compétitive. Mais au moins, le jeu a un *gameplay* respectueux de l'intelligence des joueurs. On est loin des jeux de combat avec leur barre de vie (à la *Dragon Ball Z* ou *Street Fighter*), du « chacun pour soi » de type *Battle Royale*, où le but est d'éliminer tous ses adversaires (à la *Fortnite*), ou des *first person shooters* (FPS) où le tireur est incarné par son arme et son avant-bras (à la *Valorant* ou *Counter-Strike*). Le *gaming* se réinvente dorénavant sous des formes de plus en plus diversifiées, entre jeux de rôles (*role-playing games*), jeux de stratégie et de réflexion, jeux massivement multijoueurs en ligne et jeux de type « *world building* » (création d'un monde nouveau à partir d'un minuscule changement d'hypothèse). On passe petit à petit de l'univers du jeu compétitif, historiquement dominant, à celui du jeu constructif et instructif.

On ne peut pas en dire autant du fameux *Fiscal Kombat* lancé par Jean-Luc Mélenchon en 2017 au moment de la campagne présidentielle, prototype développé sur le réseau social Discord par un groupe de bénévoles proches de la France insoumise. Dans la veine des scénarios très « classiques » de type *beat them all* (combat à progression qui consiste à s'attaquer à des ennemis sur une échelle croissante de difficulté), *Fiscal Kombat* ressemble à ces jeux d'arcade des années 1990 à 2000. L'avatar de Jean-Luc Mélenchon s'y promène à pas saccadés et secoue (littéralement) les « oligarques » un par un. Il suffit d'appuyer sur la touche flèche vers le haut du clavier pour que l'argent tombe de leurs poches et pour les éjecter ensuite dans les airs ! Tout le monde y passe dans le *big bazar* des personnalités jugées trop riches, de Jérôme Cahuzac à Christine Lagarde, de Nicolas Sarkozy à Emmanuel Macron, sans oublier Patrick Balkany, Liliane Bettencourt ou François Fillon. L'objectif de cette *gamification* ? Récupérer collectivement 273 milliards d'euros pour le Trésor public, soit le budget annuel de l'État prévu dans le programme de campagne de Jean-Luc Mélenchon. Le butin ayant été réuni en quatre jours, l'objectif sera ensuite porté à l'ensemble de la dette publique française. D'autres jeux naîtront de cette expérience, notamment à l'occasion des élections européennes de 2019 avec le collectif Les Jeunes avec Macron, qui sortira *Super Jam Bros*, un jeu qui ne restera probablement pas dans les annales. Il met en scène la tête de liste, Nathalie Loiseau, contre des larves et des frelons asiatiques…

Simplistes et artisanaux, diront les détracteurs, drôles et efficaces, rétorqueront les militants ! On est certes loin de *Democracy 4*, qui bouscule les standards et n'a pas la faiblesse d'être un pur produit de campagne. Mais l'objectif de *Fiscal Kombat* est moins d'éduquer que de mobiliser, et c'est bien la puissance du médium : susciter l'intérêt des jeunes en réduisant radicalement les barrières à l'entrée de l'engagement. Car derrière ce jeu, il est question, même de manière travestie, de partage des richesses, de lutte contre l'évasion fiscale ou d'équité salariale. Il faut ranger dans cette même catégorie la fameuse application mobile Elyze, sortie pour l'élection présidentielle et les élections législatives françaises de 2022, au chapitre des jeux « circonstanciels » liés à une échéance démocratique. Loin de toute référence à l'univers graphique du jeu vidéo, Elyze relève plutôt du *serious game*, avec son comportement de type « Tinder de la politique » consistant à répondre à des questions clés sur les programmes des candidats pour caractériser son propre positionnement sur l'échiquier électoral : on « *swipe* » (action de balayer l'écran) à droite si on est d'accord, à gauche si on ne l'est pas. Du fait d'un tirage aléatoire des propositions montrées à l'utilisateur pour qu'il opère son choix, il faut avoir fait l'exercice sur un nombre significatif d'entre elles (au moins une centaine) pour éviter le biais statistique de surexposition ou de sous-exposition à tel ou tel candidat. Graduellement, un profil d'électeur se dessine et l'outil identifie, par calcul de score, les candidats qui correspondent le mieux aux propositions retenues. L'application aura été téléchargée trois millions de fois en quelques mois de campagnes présidentielle et législative. Critiquée sur Twitter par certains partis d'opposition, accusée d'être un outil au service de la macronie en dépit de son fonctionnement « apartisan » (chaque candidat, petit ou grand, disposant du même nombre de propositions en stock), cette innovation démocratique aura été plébiscitée par le grand public, prouvant une nouvelle fois que les réseaux sociaux conspuent quand les « vraies gens » approuvent. Il n'y aurait d'ailleurs eu aucune raison de bouder son plaisir. Prendre le temps de répondre à une centaine de questions, fussent-elles incomplètes ou simplifiées, est préférable à ne s'en poser aucune. Et si l'expérience du vote en silo n'aide pas à conserver la cohérence globale d'un programme électoral, il faut faire confiance à une « loi de Moore » en matière de jeu vidéo : chaque année, le standard de qualité moyenne dans l'industrie augmente exponentiellement. Dans le prolongement de ces premiers essais de *gaming* démocratique, il y a de fortes raisons d'anticiper de prochaines générations de plateformes de divertissement dont le parcours sera plus professionnel et plus mature. Rappelons que selon une étude Médiamétrie publiée en 2021, 71 % des Français déclarent jouer « au moins occasionnellement » à des jeux vidéo, un chiffre en hausse continue. La popularisation de cette pratique favorisera immanquablement sa politisation, phénomène renforcé par la généralisation des plateformes de *streaming* dont Twitch est probablement l'exemple le plus abouti à ce jour (17,5 millions de visiteurs uniques quotidiens dans le monde en 2021). De telles plateformes constituent désormais des terrains très féconds pour *gamifier* une démocratie entendue non plus comme défouloir militant ou idéologique mais comme espace à protéger ou à reconquérir. Facteur facilitant : les vrais *gamers* avouent une passion pour la complexification des règles de jeux, ce qui ne peut que favoriser à terme l'éclosion d'une expérience apprenante. On se plaît alors à imaginer de nouvelles intrigues qui feraient phosphorer les participants sur les conséquences « systémiques » de telle ou telle politique publique, faisant entrer les joueurs dans l'univers du *raisonnement politique*. On peut par exemple anticiper une génération de jeux hyperréalistes, fondés sur le principe de l'uchronie (changer un événement antérieur pour faire bifurquer le futur), qui permettraient aux joueurs de revenir dans le passé en vue de modifier les politiques ou les agissements ayant fait naître, quelques années plus tard, telle ou telle catastrophe écologique ou économique. Sans compter l'impact à envisager des derniers développements dans le métavers, ces mondes numériques immersifs qui annoncent de véritables expériences de vie parallèles. La ministre du

Numérique taïwanaise, Audrey Tang, recommande ainsi fortement aux décideurs publics d'avoir recours à la réalité virtuelle avant de prendre une décision à fort impact social pour mesurer les effets qu'elle pourrait avoir dans la vie quotidienne… Un moyen révolutionnaire de lutter contre la déconnexion entre les citoyens et les autorités.

En somme, un pari s'offre à nous : tirer profit de l'étonnante similitude entre la démocratie et les évolutions récentes des pratiques du jeu vidéo. On peut en effet raisonnablement considérer que l'expérience citoyenne de la démocratie se développe sur les mêmes bases que celle prévalant dans le *gaming*. Tout d'abord, la démocratie nécessite un arc narratif engageant, un scénario de jeu (le « projet politique ») qui soit le plus enthousiasmant possible. Tous les commentateurs de la vie publique n'exhortent-ils pas sans cesse les politiques à nous « faire rêver » ? Ensuite, la démocratie comme le jeu se pratiquent dans des dynamiques massives respectivement multicitoyen et multijoueur. Ce sont d'abord et avant tout des activités collectives. La démocratie comme le jeu exigent un minimum de réflexion individuelle, car chaque action génère des implications complexes dans tout le système. La démocratie comme le jeu gagnent à être bâtis sur des permutations de rôles, tant le réflexe de « se mettre à la place de » est vertueux. La démocratie comme le jeu sont de nature spéculative, tous deux étant par définition fondés sur des hypothèses de changement du monde (utopie ou dystopie). La démocratie comme le jeu sont d'autant plus efficaces qu'ils répondent à des contraintes d'hyperréalisme, l'intérêt du participant (joueur ou électeur) étant directement proportionnel à la vraisemblance des mises en situation. La démocratie comme le jeu peuvent – et doivent – se concevoir de manière progressive, dans un cadre où se raffinent les scénarios au fur et à mesure du développement de l'action.

Bref, en ce qu'il fait appel de la part du joueur à une mise à l'épreuve à travers le *jeu de rôles*, et donc à la capacité à se mettre dans la peau de quelqu'un d'autre ; en ce qu'il peut convoquer, suivant la trame, la *réflexion*, et non l'acte réflexe auquel nous a habitués la routine électorale ; en ce qu'il s'appuie sur une *dynamique multijoueur*, et donc prend en compte les agissements et comportements des autres parties prenantes en réaction à une décision, le jeu vidéo coche certaines cases requises pour aider au renouvellement et à l'enrichissement de la vie collective de nos sociétés. Même si les usages politiques du *gaming* restent aujourd'hui encore anecdotiques et peuvent ressembler à une gadgétisation, il est à peu près certain que le « niveau de jeu » augmentera avec les jeunes générations, la technologie et les standards. Voilà après tout une heureuse « démocratisation de la démocratie » !

Vertige final: puisque ses propres concepteurs vont jusqu'à revendiquer une forme de responsabilité sociétale, Ubisoft deviendra-t-il un jour un bien commun? Ce serait de bon augure pour donner un coup de fouet à une scène politique de plus en plus austère.

La démocratie casse-bonbons

« *How dare you ?* »

Le visage effaré de Greta Thunberg devant les Nations unies a fait le tour du monde.

> Les gens souffrent. Les gens meurent. Des écosystèmes entiers disparaissent. Nous sommes au début d'une extinction de masse et la seule chose dont vous parlez c'est d'argent et de contes de fées autour d'une croissance économique éternelle. *How dare you ?*

« Autiste », « hystérique », « manipulée », « illettrée », « ridicule », « fanatisée », « totalitaire »… Après l'intervention de Greta Thunberg à l'ONU, les éditorialistes s'en sont donné à cœur joie. Ou plutôt à cœur affligé, face au caractère apocalyptique du discours. « Ange ou démon ? », titraient sans vergogne les chaînes d'information continue. Quant aux réseaux sociaux, ils étaient furibonds! Moqueries, sarcasmes, vidéos satiriques, mèmes viraux, tout y est passé; les plus cruels y allant de leurs remarques sur le physique jugé ingrat de la petite fille, son air d'épouvante. S'il s'était agi de Monica Bellucci, gageons que les commentaires auraient été bien plus élogieux.

Qu'est-ce que ce triste épisode – triste au regard du message, effectivement inquiétant, et triste au regard de la réaction au message, effectivement pathétique – dit de notre démocratie ?

Que l'annonce d'une inévitable catastrophe et les leçons de morale agressives qui l'accompagnent ne font plus recette. Que la culpabilisation de tous peut devenir étouffante. Qu'on ne peut pas condamner la désinvolture généralisée sans apporter une solution politique « acceptable ». Le jouir sans entraves de Mai 68 a beau avoir disparu de la scène publique, il faut trouver les moyens de le réhabiliter au moins en partie, au moins « avec modération ». Notons que cette remise en cause d'une victoire à la Pyrrhus du catastrophisme et de la souffrance dans le discours politique reste étonnamment marginale, même si elle est brillamment décrite dans l'essai de Michaël Fœssel, *Quartier rouge*, dont on ne peut faire l'économie de lecture si l'on s'intéresse un tant soit peu au lien entre politique et plaisir. Car on parle ici de l'urgence écologique et du ton de gravité qui est dorénavant la norme dans le discours public, mais ce ton s'applique aujourd'hui à l'ensemble des sujets de société ! Malicieusement, l'auteur philosophe Michaël Fœssel fait bouger le curseur sur l'échelle des problèmes en posant la question qui fâche : peut-on encore rire devant *Les Valseuses* ? Ce rire n'est-il pas coupable face aux délires machistes, misogynes et sexistes d'un Depardieu jouisseur et d'un Dewaere éberlué ? Miou-Miou ne mérite-t-elle pas mieux que des scènes avilissantes où elle subit ostensiblement des agressions sexuelles à répétition, certes consenties, mais bien peu respectueuses, qui en appellent à une défense féministe de son intégrité ? Et surtout, ce rire, explosif, assumé, presque innocent dans les années 1970, est-il encore possible aujourd'hui ?

Pour le dire autrement, l'injonction à faire le bien dans la hantise du « risque » qui pointe son nez à l'horizon, indiscutable sur le plan des valeurs et de la vertu, est pour de nombreux concitoyens devenue un chemin de croix. Pour en rester à l'impératif écologique, faire pipi sous la douche, trier ses déchets ou entretenir son compost dans la cuisine est à la portée du plus grand nombre. Autant de gestes de colibri qu'il serait indécent de critiquer dans le contexte de réchauffement climatique que l'on sait. Mais ne plus manger de viande rouge, ne plus prendre l'avion, renoncer à sa voiture sont des contraintes d'ordre supérieur qui, par leur radicalité, peuvent être perçues par une partie de la population comme excessives. L'anticipation du malheur et la certitude du pire ont du mal à pénétrer les consciences, surtout lorsque le quotidien est cabossé. Pour ceux qui peinent à gérer la fin du mois, la fin du monde s'avère souvent inaudible. Et l'on ne peut quand même pas reprocher à quelqu'un de prendre son véhicule pour aller travailler le matin sans lui offrir une alternative crédible. Bien sûr, une partie de la population, la plus « politisée », et certainement la plus consciente de la crise climatique, a atteint ce seuil de l'inacceptable et intégré la notion d'urgence absolue du changement. Mais une autre partie, plus silencieuse et encore majoritaire, détourne le regard et n'est pas prête à renoncer complètement à certains comportements, voire, pour le dire crûment, à certains plaisirs de la vie. Il s'agit le plus souvent d'individus dont les marges de manœuvre sont les plus faibles et qui n'ont pas le luxe de pouvoir transformer instantanément leur mode de vie. Incidemment, lorsque les Britanniques ont organisé en 2020 leur propre convention citoyenne pour le climat, la Climate Assembly UK, en tirant au sort cent huit citoyens, ceux-ci n'ont pas édicté cent quarante-neuf mesures volontaristes pour créer l'électrochoc, mais ont préféré décrire à quoi devrait ressembler un futur marqué par des « équilibres acceptables » pour tous. Ils ont par exemple favorisé un avenir qui aurait trouvé des solutions aux émissions de CO_2 permettant malgré tout « de continuer de se déplacer en avion ». Quitte à faire payer davantage en crédits de compensation carbone, à travers un système de tarification progressive, ceux qui voyagent à répétition. En somme, la priorité donnée à la convention citoyenne outre-Manche a consisté à déterminer certaines lignes rouges à ne pas dépasser ni par les industriels, ni par les consommateurs, ni par le gouvernement. Figuraient parmi les priorités mises en avant certains renoncements que les citoyens britanniques n'étaient pas prêts à faire.

Aussi, du côté de l'Hexagone, le matraquage médiatique et politique autour des injonctions du bien-faire ne finit-il pas par être contre-productif? Les « convaincus » n'ont pas besoin du tam-tam quotidien, alors que les « fatigués », ceux qui s'éloignent de la politique et se désaffilient des partis, ont peut-être envie de répit, ou tout simplement de pensée positive. Non pas que ces derniers soient parfaitement inconscients ou irresponsables, mais pour mobiliser les énergies nécessaires au changement, il faut pouvoir de temps en temps recharger les batteries : recevoir sa dose de déculpabilisation, ressentir des émotions fortes non contraintes par les interdits, refuser le désenchantement permanent. Sentir qu'il y a, en somme, un bout du tunnel. C'est d'autant plus vrai qu'en comparaison du discours autoritaire des candidats, des élus, des activistes et des médias, en comparaison de la vie d'ascète que le citoyen du XXIe siècle est censé adopter pour défendre à la fois l'intérêt général, le bien commun et les équilibres planétaires, partout où se porte le regard, ce sont l'hédonisme, la liberté et l'absence de contraintes qui prédominent ! Dans l'entreprise, le lien avec la notion même de travail s'est distendu, les jeunes générations sont devenues allergiques à un certain nombre d'exigences professionnelles, y compris celle consistant à se déplacer à heures fixes au bureau. En dehors de l'entreprise, les loisirs sont par défaut « à la carte », les soldes permanentes et le catalogue Netflix infini. Le Club Med promet depuis longtemps *le bonheur, si je veux*. Surtout, que l'on ne se mette pas en tête de m'imposer quoi que ce soit, et certainement pas une festivité que je n'aurais pas moi-même ordonnée. Des sites de rencontres spécialisés organisent les relations sexuelles extraconjugales, ces dernières étant à une portée de clics. Même les pays cherchent à troquer les indices de calcul du PIB par un indice du « bien-être », dont les ingrédients constitueraient la formule du *plaisir* de vivre ensemble et non de son efficience productive. Dans ce contexte, où le bon temps rythme certains aspects de nos vies, la confrontation avec un discours politique mortifère et sacrificiel apparaît intenable. Il n'est pas étonnant que l'on prenne plaisir à voir et à revoir le lâcher-prise jubilatoire et politiquement incorrect d'un Jean Dujardin dans *OSS 117*. Même si, comme pour *Les Valseuses*, on se gardera bien de dire que cela nous a fait rire. Car de nos jours, l'hygiène politique de base consiste à savoir filtrer à qui l'on racontera avoir bien rigolé de telle vanne sur TF1 ou de tel film jugé « so réac » par *Télérama*. La plupart du temps, on rit dorénavant seul, on ne sait jamais. Ce n'est même pas une question de morale, c'est une question de *branding* personnel. Jouir, sans doute, mais en catimini, et pas même devant un écran, car on contribue à l'effet de serre.

D'ailleurs, le malaise est général : même les militants politiques désertent les partis, faute d'y trouver à la fois vocation et plaisir. On voit pour la première fois des femmes et des hommes politiques, souvent des maires de communes, quitter leur fonction, non pour des raisons de non-cumul des mandats, mais parce qu'ils n'y trouvent plus aucune satisfaction ni réjouissance. L'intensité tragique de leur quotidien est écrasante. Alors que dans le passé l'édile renonçait à ses activités électives, comme le pape, poussé dehors par le gâtisme ou la maladie, il prend dorénavant ses cliques et ses claques parce que cette vie-là n'est décidément pas drôle. Le rire y est autant proscrit que dans les monastères médiévaux du *Nom de la rose*. Sur ce point, il faut d'ailleurs reconnaître qu'aucun parti politique ne réussit à tirer son épingle du jeu. La gauche, d'une part, semble avoir perdu le combat culturel du moment. Non seulement elle associe allégresse à irresponsabilité et se veut lanceuse d'alerte sur tous les sujets, jouant les cassandres perpétuelles, mais il lui arrive fréquemment de le faire avec agressivité. Annonciatrice d'un monde où plus rien n'est anodin, pas même une baignade en piscine ou un barbecue entre amis. De quoi en dégoûter plus d'un. La droite, quant à elle, persiste dans sa préférence pour des thèmes rabat-joie, l'autorité, l'ordre, la Nation, le mérite, sans compter l'agitation frénétique autour de l'immigration et de l'insécurité. Des passions tristes aussi éloignées que possible de toute forme de désir ou de positivité. Non, décidément, la politique est devenue le père Fouettard, celui qui terrorisait les enfants avec son martinet et ses croquemitaines.

Faudra-t-il rénover l'art politique pour faire comprendre que le citoyen de 2023 ne peut écoper en permanence d'un discours visant à réduire les possibles sans offrir de réelles perspectives ? On ne doit plus faire l'économie d'une réflexion sur le *ton* politique si l'on veut reconquérir un peu de démocratie. Le grand rabougrissement n'est pas un slogan de campagne d'Emmanuel Macron pour signifier le grand repli des complotistes qui seraient effrayés par le grand remplacement zemmourien. Non, le grand rabougrissement est cette mutation de la politique moderne qui choisit de faire peur plutôt que de faire rêver. Qui développe des trésors d'imagination pour créer de nouvelles contraintes, mais jamais pour laisser entrevoir de nouvelles opportunités. Qui se construit sur le mythe de la raison et du risque, jamais sur celui de l'invention d'un modèle qui ferait mentir et la raison et le risque. Au fond, sur quels mythes universels vit notre démocratie contemporaine ? Sur le mythe de Sisyphe assurément, où l'avenir n'est jamais perçu que comme la menace de voir se détruire tout ce que l'on a construit. Condamné à pousser sans fin un énorme rocher sur la pente d'une colline, Sisyphe remet continuellement sur le métier, et en vain, son ouvrage. C'est de la collapsologie qui ne dit pas son nom, une vision du monde qui effraie plus qu'elle ne mobilise.

En déclarant, le 24 août 2022, la « fin de l'insouciance » à propos de la crise énergétique, Emmanuel Macron sifflait la fin de la récré. Après le « nous sommes en guerre » de la crise sanitaire, cette annonce contribue-t-elle à renforcer notre démocratie ? Certainement pas sans une solution politique qui va au-delà des rationnements et nous fait sortir la tête de l'eau ! Gouverner par le recours à la *vérité nue* condamne le citoyen à se sentir perpétuellement paralysé. Que ce soit un réflexe de gauche (on ne peut gouverner qu'en ouvrant les yeux sur ce qui ne va pas, jusqu'à la dernière inégalité) ou un réflexe libéral (on ne peut gouverner qu'en étant cash sur tous les éléments factuels d'une situation donnée, sans en omettre aucun), être perpétuellement en posture de lanceur d'alerte sur l'état du monde peut rendre le pays ingouvernable.

Car la vérité nue, sans possibilité de sortie par le haut, se heurte à l'expérience que l'on fait de notre propre vulnérabilité et de notre désolante précarité. Comme dans le mythe de Pandore, la politique devient cette boîte à malheurs qui révèle son contenu maléfique, prêt à être déversé sur l'humanité…

Pauvre démocratie. On ne mesure pas combien un système de pensée qui emprunte systématiquement aux expressions du pire exaspère le citoyen au point de l'insensibiliser. Tous les efforts d'innovation institutionnelle (vote à 16 ans, reconnaissance du vote blanc, proportionnelle à l'Assemblée, retour au septennat…) se briseront sur le mur des abstentionnistes tant qu'on jettera au cœur du débat démocratique du sang, de la sueur et des larmes, sans autre forme de contrepartie même minimale. Car tous les problèmes ne se valent pas, toutes les urgences non plus. On peut être intransigeant sur la nécessité immédiate d'un plan de transformation énergétique des bâtiments en France, lequel fait consensus sur l'ensemble de l'échiquier politique, et oublier les querelles sur l'interdiction de jouer au golf, lesquelles, d'impact marginal, horripilent l'opinion publique. La démocratie devrait être une joie et une énergie produites par des perspectives de renouveau ; or, elle est devenue le concours Lépine des tabous. Quel homme ou quelle femme politique, le comprenant, finira par changer la donne ?

C'est peut-être là, sous nos yeux, la matrice de tous les combats culturels. Lutter contre un état d'âme, un climat moral qui pèse comme du plomb. L'*Homo festivus*, cet individu sans gravité, est allongé sur le trottoir, asphyxié par l'air du temps. Autorisons-nous dans les pages qui suivent un petit intermède, sous forme de pastiche littéraire, pour le respirer une dernière fois, ce mauvais air. Avant d'ouvrir les fenêtres et de découvrir d'autres horizons.

Intermède houellebecquien

Il fait très chaud ce soir-là à Paris, juste après le pont du 14 Juillet. C'est la canicule en France. Les forêts flambent en Gironde et dans les Bouches-du-Rhône. C'est précisément dans une communauté d'agglomération du bassin d'Arcachon Sud, 26 168 habitants au dernier recensement, que les incendies sont les plus notables. Enfin, si j'en crois Lionel Gougelot sur la matinale d'Europe 1, il est souvent bien informé pour un journaliste.

Je dine avec un ami de longue date, fortement impliqué dans la cause écologique, comme on dit. Curieusement, il a choisi de réserver une table sur la terrasse extérieure bondée d'un italien du centre commercial Vélizy 2, dont les commentaires sur Google Maps sont honorables, sans être dithyrambiques. C'est un choix que je trouve contestable, car nous aurions été franchement mieux servis dans le centre de Paris, où les restaurateurs font un certain effort pour maintenir la tradition gastronomique française à un niveau respectable, notamment aux yeux de la clientèle nippone, grande consommatrice de cuisine de catégorie ordinaire à supérieure.

Au moins, il n'a pas choisi un resto végan. D'ailleurs, je ne serais pas venu. Et puis l'avantage avec un italien, c'est qu'on ne risque pas de se voir proposer de la viande rouge. Ça évite le malaise au moment de la commande. La soirée démarre somme toute agréablement, la période est à l'organisation des vacances du mois d'août. Cette année, c'est certain, nous resterons l'un et l'autre dans l'Hexagone. Prendre l'avion est devenu une pratique aussi honteuse que le recours à des services sexuels tarifés, le train a donc toutes les faveurs d'une proportion croissante de la classe moyenne, voire supérieure. Seules les classes populaires ont encore le droit de s'aventurer sur les routes dans un véhicule équipé d'un moteur diesel. Rapidement, la conversation glisse sur *l'affaire* de la semaine, c'est comme ça qu'il a présenté les choses. Je m'y suis préparé, mon ami n'ayant pas résisté depuis lundi à m'annoncer par une série de treize SMS que *je n'allais pas en croire mes portugaises*. J'ai l'habitude, je prends même du plaisir parfois à l'écouter raconter les détails sans intérêt de son dernier séjour en gîte rural, ou chez son beau-frère de Barbezieux.

En l'occurrence, il revenait cette fois-ci de chez son oncle Serge, où il avait passé plusieurs jours la semaine qui précédait. J'avais vaguement en mémoire une relation tendue entre mon ami et son « tonton » Serge, qu'il qualifiait parfois de *crétin pétainiste*. Manifestement, les relations s'étaient améliorées depuis. Cela n'avait du reste guère d'importance dans son récit, le clou de l'histoire étant ailleurs, même si sa narration fut un peu bâclée : en synthèse, vendredi dernier, il avait dû être évacué en pleine nuit de la maison de son oncle Serge, cernée par les flammes, à une quinzaine de kilomètres de la rocade est de la Teste-de-Buch ! La région connaissait en effet des feux apparemment gigantesques, l'information tournait en boucle sur BFM TV. Il me décrit alors sa nuit « d'apocalypse », c'est le terme qu'il utilise, pendant laquelle, avec son oncle Serge, ils se sont retrouvés sous une véritable pluie de cendres. Immanquablement, le « réchauffement climatique » s'invite dans notre échange, les rapports du GIEC sont alarmants, c'est certain, *on va dans le mur*.

Jusque-là, rien de bien frappant, si ce n'est le récit de cette nuit singulière passée parmi les touristes réfugiés, exfiltrés de leur logement Airbnb ou de leur camp de vacances, qui passent une nuit blanche sous un ciel rouge, torride et menaçant.

Et là, tout bascule. Mon ami s'étonne du fait que je ne montre pas une attitude plus angoissée par rapport à la crise qui nous attend, qu'il n'hésite pas à qualifier « d'abyssale », même si ce mot me paraît jurer dans sa bouche. On dirait plutôt une expression de Mediapart ou de *Libération*, une expression de gauche qui en même temps fait assez chic. J'essaie de comprendre pourquoi il se met dans de tels états. Autour de nous, l'ambiance me semble plutôt sereine, enfin, décontractée, de celle qui prévaut un soir de juillet, même parmi les classes sociales qui devraient en théorie souffrir de la crise du pouvoir d'achat. Le conflit en Ukraine n'arrange rien, c'est certain, mais enfin il est loin et les conflits majeurs ont ceci de particulier qu'ils finissent toujours par se résoudre.

Avec une véhémence qui détonne face à deux assiettes de spaghetti carbonara *alle vongole*, il se met à vociférer contre les dirigeants des grandes entreprises pétrolières et gazières qui ont masqué la réalité du drame depuis le Rapport Meadows de 1972. Assez bêtement au fond, mais aussi parce que je n'ai pas la moindre idée de ce qu'est ce Rapport Meadows, je lui fais remarquer que la prise de conscience du réchauffement climatique a peut-être été plus progressive… Que même si ce premier rapport est alarmant, en 1972 il n'a vraisemblablement pas *du jour au lendemain* pénétré dans les consciences. Pourquoi cette clémence ? Je ne m'en souviens pas distinctement, il faut considérer qu'à ce stade de la conversation, avoir un point de vue est le minimum que je puisse faire. Et celui-ci en vaut bien un autre. Je me demande d'ailleurs comment les gusses qui ont été tirés au sort par Macron pour la Convention citoyenne sur le climat s'en sont sortis. Les pauvres. Quelle pression pour avoir un truc intelligent à dire devant les caméras ! En tout cas, je me rappelle avoir vu une émission sur CNews qui expliquait, avec le soutien de nombreux experts invités sur le plateau, qu'il fallait du temps pour que les gens changent d'avis. Ce constat est assez pénétrant – et l'aurait été encore plus si j'avais pu garder en mémoire le nom de deux ou trois experts interrogés ce soir-là. On avait eu droit à une interview sur ce sujet de Jean Castex, pourtant retiré de la politique. Son accent méridional, cette France rurale à la Jean-Pierre Pernault, fait qu'on s'en souvient. En tout cas, je me dis qu'il aura fallu attendre la fin des années 1980, les années « Tapie » qu'il fallait bien consentir à réprouver, pour que les leaders économiques qui nous dirigent n'aient plus aucune excuse. Pour qu'il soit alors parfaitement cynique de leur part de prétendre *ne pas savoir*. Mon ami s'échauffe, son visage devient violacé. D'habitude, il parvient toujours à trouver des modes d'expression rationnels pour formuler sa pensée, mais là, son débit est objectivement ébranlé. Le fait que je ne reconnaisse pas immédiatement la mauvaise foi de l'ensemble des classes dirigeantes de la sainte année 1972 semble l'horripiler. Son regard a même quelque chose d'effrayant. Très honnêtement, je n'ai pas la moindre idée de la chronologie des événements de l'époque, particulièrement dans ce domaine somme toute étroit de la pensée écologiste. Je n'ai rien lu de marquant à ce propos, c'est un sujet un peu pointu, l'origine de la prise de conscience du réchauffement climatique. Je ne me rappelle pas non plus avoir été exposé à quoi que ce soit qui s'en rapproche au lycée ou à la fac, une époque pourtant où les soixante-huitards étaient souvent devenus profs ou chargés de TD… Même s'il faut bien admettre que mon âge me prédispose à d'autres types de souvenirs de cette période bénie d'émancipation prépubère. Quoi qu'il en soit, mon *relativisme* un peu insouciant semble insupportable pour mon ami. Je retiens de cette soirée un ton exagérément solennel, et même franchement agressif.

Et le voilà qui continue à s'emporter ! Comment quelqu'un comme moi peut-il continuer à vivre « normalement » alors qu'il ne nous reste plus que sept ans avant le point de non-retour du dérèglement planétaire ? « Sept ans ? », lui fais-je répéter. Ce chiffre me semble étonnamment précis, et donc suspect. Un chiffre rond, passe encore, dix ans, ce serait plus crédible, mais là, franchement, il y a de quoi s'interroger. Pourquoi pas une date millénariste du type 17 novembre 2029 ? « Oui, sept ans, renchérit mon ami, tout le monde sait ça ! » Là, je commence à réagir avec une pointe d'agacement. Tout le monde sait ça sauf moi ! J'ajoute même un peu d'arrogance, après un temps de flottement inconfortable, en rappelant que je ne suis pas *particulièrement* climatosceptique, mais qu'il me semble que l'influence de l'économie française dans l'équilibre écologique mondial est faible, infinitésimale serait le terme juste, mais je décide sans raison de ne pas y avoir recours, et qu'il faudra compter avant tout sur l'évolution des pratiques de consommation en Chine ou en Inde, dans ces pays où le PIB atteint des sommets. Le regard torve de mon ami me fait douter immédiatement de ma répartie. Elle est factuellement vraie, mais il y a peu de chances qu'elle aide à calmer l'échange. La preuve, mon ami fait subir à sa chaise une pression de tortionnaire tchétchène. Il hurle comme un putois, éructant le fait que les Chinois, eux, *ont déjà tout compris.* Ne parlons pas des pays en développement (cela fait belle lurette qu'il ne dit plus « pays sous-développés », et j'ai moi-même pris le pli), lesquels ne font que subir la misère. Il m'est difficile en effet d'imaginer des touristes de Bujumbura embarquer à bord d'un vol charter pour passer un week-end à Kigali. Les Américains en revanche en prennent pour leur grade, on dépasse un seuil de violence verbale dès que le nom de Trump est mentionné, c'est comme si un réflexe de semi-transe s'emparait de mon ami à l'énoncé du patronyme de l'ancien président des États-Unis. Les Suisses, qui jusqu'à présent n'avaient pas eu de raison objective d'intervenir dans la discussion, sont soudainement qualifiés de « plus gros pollueurs » de la planète. Cette affirmation me laisse pantois. Je n'ai aucun intérêt particulier pour ce pays voisin et mes émoluments à l'Inspection du travail ne me destinent pas à une connaissance fine de la sociologie helvétique. Mais il me semble que nombreux sont les Suisses qui ont plutôt des leçons à nous donner en matière de tri sélectif ou d'économie circulaire. C'est un sport national chez eux depuis des décennies, une sorte d'atavisme culturel. Difficile à décrypter d'ailleurs, mais indiscutable (atavisme dont le raffinement est sans doute à relier à une culture protestante assumée). Je me vois alors rétorquer, sur un ton passablement peu aimable, que ce sont les *traders* de Genève et de Zürich qui sont responsables du financement d'une économie fossile mondialisée. Davantage par réflexe, mais certainement aussi par inconscience, je m'étonne à voix haute de cette extrapolation qui fait dire à un type plutôt réfléchi – qui plus est mon ami – que les Suisses sont les plus gros pollueurs de la planète, quand ce sont probablement quelques centaines de trentenaires responsables de fonds spéculatifs genevois ou zurichois qui exportent leurs pratiques ultralibérales.

Silence, soudain.

Mon ami me dit alors, sur le ton d'un François Ruffin en short Monop' dans une cour de récré : « Mais si tu n'as plus envie d'être mon ami, alors dis-le-moi, ce sera plus simple ! »

Je tombe des nues. Comme pris d'une forme de relâchement vital. Comment, en moins d'une heure, en est-on arrivés là ? La serveuse nous demande si nous voulons un autre verre de vin. Je ne remarque même pas son physique avenant. On bâcle la fin du repas, personne ne vérifie l'addition, c'est dire. On est à Vélizy 2, quand même. À côté du resto, des jeunes rigolent à gorge déployée, agglutinés devant la vitrine du Foot Locker. Ils ne sont qu'admiration devant le salaire annuel de Kylian Mbappé payé par le Qatar. Je les envie, leur légèreté est un combat dans l'extension du domaine de la crise. Je ressors en tout cas de cette conversation épuisé et sonné. La dernière fois, on s'était déjà chauffés sur les Gilets jaunes. Depuis, j'évite avec mon ami de mentionner Macron ou même le RSA, ça part au quart de tour. La politique a de nouveau été le kérosène de l'engueulade.

2
La démocratie buissonnière

> « Les hommes de Cro-Magnon chassaient le mammouth et le renne ; ceux d'aujourd'hui avaient le choix entre un Auchan et un Leclerc, tous deux situés à Souillac. »
>
> MICHEL HOUELLEBECQ, *Soumission*, 2015

Ouf, un peu d'air. Reprenons nos esprits. Merci Houellebecq, mais nous avons d'autres nuages à dissiper à l'horizon. Tout ce qui a précédé dans ce livre visait à montrer l'importance et la richesse de la pop culture comme outil de renouvellement de nos mœurs politiques. Ce grand bain suffira-t-il toutefois à nous redonner des couleurs ? Ne parions pas trop vite. Ce serait trop beau si les artistes et l'underground culturel devenaient à eux seuls les sauveurs de la démocratie. Non, c'est aux citoyens de prendre la relève et de prolonger l'élan si nous voulons mettre la volonté générale au poste de commandement. Nous l'avons dit, un deuxième front se dessine : celui de l'implication directe de nos concitoyens partout où se jouent les affaires de la cité. Car la démocratie s'incarne davantage dans les conversations civiques que dans les urnes. Autrement dit, elle vit davantage dans une joyeuse « co-citoyenneté » que dans les institutions républicaines, c'est ainsi que se fabrique le consentement. Reste qu'un « front concitoyen » ne peut trouver sa place que si on l'aide à se réunir et à faire corps. Dans des *lieux*, dans des géographies d'accueil qui peuvent – et doivent surprendre. Le XXIe siècle de la démocratie sera spatial ou ne sera pas.

Retour en arrière.

Les pirates de la liberté

Il y a quarante ans, un « big bang » se produisait dans l'audiovisuel français. Le 9 novembre 1981, la loi « portant dérogation au monopole d'État de la radiodiffusion » donnait un formidable coup de pouce aux « radios pirates », qui émettaient dans la plus stricte illégalité depuis le début des années 1960 depuis les eaux internationales.

Il faut se remettre dans l'euphorie des années qui ont précédé la démocratisation des ondes, avant la loi de 1981. Il y avait déjà cette envie, depuis les années 1960, de faire entendre aux jeunes les nouvelles musiques subversives de l'époque qui n'avaient pas droit de cité sur les radios du service public. Interdites dans leurs pays respectifs, les premières radios musicales émettaient depuis des bateaux en dehors des eaux territoriales. Dans les cales, des excités du micro, torse nu et cigarette au bec, se prenaient pour les Robin des bois de la guitare et de la basse. Ils donnaient du son, de l'ambiance, des paroles sans filtre, sans rien attendre en retour, ni subventions ni revenus publicitaires. On se souviendra notamment de Radio Caroline, peut-être la plus célèbre d'entre toutes avec son audience cumulée de quarante millions d'auditeurs. Son bateau, devenu une véritable épave, finira par sombrer en mer après une tempête. Parallèlement, sur terre, les radios pirates vont commencer à champignonner pendant les années 1970. C'est l'époque de la résistance des États, qui brouillent volontairement les ondes sur la modulation de fréquence avec des sons stridents intempestifs, forçant les « radio-libristes » à couper - bip - leurs phrases - bip - pour contourner - bip - le contrôle - bip - de l'espace radio - bip - phonique !

À la fin des années 1970, la tension est à son comble. Partout naissent de nouvelles radios illégales, depuis une cuisine, une chambre de bonne, un café-théâtre, un grenier, une arrière-cour ou un camping. Des passionnés du micro, antenne et émetteur en bandoulière, se jettent dans l'aventure, prennent la parole et improvisent des heures durant, pour des oreilles enthousiastes et franchement pas exigeantes, l'amateurisme se disputant à l'espièglerie et à la créativité. Le ton est clairement au copinage, les animateurs interagissent avec les auditeurs, on parle directement au « *speaker* » sur la ligne téléphonique unique. Couacs, problèmes techniques, programmation hasardeuse, fous rires « en studio », quelle importance quand on souhaite plus que tout sortir de l'emprise des radios d'État ! Et puis il y a, en France, ce coup de génie de la CGT qui lance avec fracas sa propre radio contestataire – Lorraine Cœur d'acier, « radio de l'espoir » – pour lutter contre les fermetures d'usine dans le milieu sidérurgique du Nord. Un espace de dialogue et de débat voit soudainement le jour, mêlant syndicalistes, travailleurs, immigrés, professeurs, femmes, jeunes, retraités, tous réunis afin d'imaginer un avenir plus radieux. Les socialistes ne seront pas en reste avec Radio Riposte, sur laquelle François Mitterrand et quelques cadors du parti s'exprimeront en 1979, entraînant une descente de police dans les locaux de la station pour stopper la diffusion. Les radios pirates savent mettre le gouvernement à cran.

L'histoire finira par lâcher du lest, autorisant, dans le cadre d'un projet de loi défendu par le ministre de la Communication Georges Fillioud en 1981, la fin du monopole d'État sur les ondes publiques. S'ensuivra une explosion des radios dites « libres », dont il faudra rapidement séparer le bon grain de l'ivraie. Ce que la concurrence se chargera de faire deux ans plus tard avec l'émergence des radios commerciales ouvertes à la pub ! La parenthèse libertaire se sera donc vite refermée. Manquant de moyens, absorbées par des groupes nationaux, la plupart des deux mille radios locales du début des années 1980 auront disparu du paysage audiovisuel après 1990.

Qu'est-ce que cela raconte de l'esprit frondeur non seulement des héros de cette mouvance pirate et libriste mais aussi des auditeurs eux-mêmes ? Comment interpréter ce besoin irrépressible de s'exprimer de la part du citoyen, y compris de manière impertinente et désordonnée ? Qu'est-ce que cela dit d'une génération qui rejette l'institutionnalisation de l'information pour lui préférer la profusion et l'exubérance du *do-it-yourself* (tiens, le réflexe punk n'est pas loin) ? Impossible de ne pas penser, évidemment, aux premières heures d'internet, lorsque la toile était encore un espace en friche, une utopie de passionnés, un lieu d'expression de tous les « fanzines » de la planète. Ces deux territoires des « premières heures » – celui des radios pirates puis libres et celui des défricheurs du web – ont fait long feu. Ils ont disparu avec la consolidation des acteurs, cédant aux forces de la fusion des radios commerciales d'une part, de la concentration des réseaux sociaux d'autre part. NRJ ou RFM devenues des « robinets à musique » d'un côté, Facebook et Twitter des « robinets à commentaires » de l'autre. Où donc sur les ondes radio peut-on encore se targuer de pouvoir ouvrir un micro et parler à tous dans la minute, sans aucune contrainte réglementaire ? Où sur le web peut-on créer de véritables espaces d'échanges ailleurs que sur les attracteurs géants et les trous noirs que sont Facebook et Twitter ? Ces « territoires perdus » de l'expression libre peuvent miraculeusement émerger d'une vidéo YouTube qui devient virale ou d'un fil Twitter rescapé de l'oubli, mais dans les deux cas la forme du contenant leur sera imposée (vidéo courte d'un côté, bribes de 280 caractères de l'autre). Là où la radio pirate Lorraine Cœur d'acier de 1979 pouvait se permettre d'inviter dix citoyens pour débattre pendant toute une nuit du lien entre communisme et religion, là où le forum internet de 1995 pouvait générer cent kilomètres de fil de discussion sur les droits fondamentaux inaliénables.

L'espace de débat public et communautaire de demain doit s'inspirer de ces eldorados historiques de la liberté d'expression. Même s'il adopte de nouveaux atours, modernité oblige, cet espace doit se payer le luxe qu'ont su s'offrir les pionniers « radio-libristes » et les précurseurs d'internet : l'ubiquité, la spontanéité, le temps long, la connivence avec le citoyen. Alors, parions sur une petite révolution, cette fois-ci ni sur les ondes ni dans l'éther du web. Dans la vraie vie, « *in real life* » ! Autrement dit, embarquons-nous dans une démocratie *hors les murs*. Une démocratie en dehors des institutions, qui aurait le culot de faire l'école buissonnière.

La grande vadrouille de l'éduc' pop

Allez ouste ! Allons là où les gens « sont », là où les gens « vivent » ! Si les centres sociaux, centres communautaires ou autres foyers sont disséminés sur le territoire (il existait 2 237 structures agréées par les CAF en France au dernier recensement en 2017), ils ne suffisent pas à toucher le jeune ado révolté, la mère célibataire abstentionniste ou le père de famille dépolitisé. Il nous faut inventer, et même prototyper, une éducation populaire *itinérante*, au plus près des communautés, pour les former aux enjeux du vivre-ensemble : dans les gares, dans les centres commerciaux, dans les squares, dans les salles de sport, au pied des immeubles, dans les maisons France services, dans les bureaux de poste, dans des bus itinérants, etc. Comme le faisait historiquement le théâtre ambulant qui partait en tournée représenter son numéro dans les villes et villages de France. À l'époque, on voyait sur les routes du théâtre itinérant tout simple, sans froufrous, une planche et des tréteaux dans le chariot, et du théâtre ambulant de chapiteau plus conséquent, qui voyageait avec tout le décor et le tintouin nécessaire pour le déploiement du spectacle. Ravivons deux expressions anciennes pour illustrer à quoi pourrait ressembler cette éduc' pop de proximité : celle des « dialogueurs » de communautés et celle des « farandoles démocratiques », inspirée de la *farándula* ibérique, ces premières compagnies de théâtre ambulatoire dans l'Espagne de Cervantès au XVIIe siècle.

Côté dialogueurs (le théâtre sur simples tréteaux), un rêve est permis : celui de faire naître dans la population un réseau de facilitateurs volontaires qui décideraient de réunir localement leurs voisins (ou leurs « pairs », c'est-à-dire des individus qui leur ressemblent au sein de chaque communauté : collègues, partenaires sportifs, groupes de passionnés...), afin de dialoguer librement autour de questions relevant de « l'intérêt général ». Oui, l'intérêt général, ce *machin* si souvent revendiqué, si rarement compris. Il faut être maire d'une petite commune pour y être constamment exposé, les citoyens n'en ont généralement qu'une très vague idée, faute d'en parler. En définitive, l'élan serait semblable à un comité de quartier informel dont l'ordre du jour ne serait pas limité aux problèmes de voirie, de circulation ou de propreté, mais largement ouvert à toutes les questions intéressant le collectif. Le fait générateur d'une rencontre avec un dialogueur aurait peu d'importance : une fête des voisins, un apéro de quartier, le match du dimanche, une invitation Facebook à un *happy hour*, un pique-nique dans un jardin, un barbecue de campeurs… Le dialogueur serait soit une personne volontaire pour lancer les invitations, soit une personne désignée par sa communauté pour en être l'animateur. Comme dans un café philo, il mobiliserait les invités de proximité, scanderait les discussions, synthétiserait les points de vue et – idéalement – les remonterait au plus proche décideur ou influenceur public (le conseil municipal, la section locale d'un mouvement politique ou d'un syndicat, le média régional ou simplement un collectif de citoyens mobilisés). Le monde anglo-saxon, moins poète à ses heures, parle de *community organizing*. Expérimentée initialement dans le champ de la grande entreprise (notamment chez EDF), cette pratique des dialogueurs a été mise en place au cœur des filiales, des usines, des centres logistiques et des entités locales afin de faire remonter les perceptions et préoccupations des salariés sur la stratégie et le fonctionnement de l'entreprise. Son principal intérêt, au-delà de l'évidente économie d'échelle qu'elle permet de déployer (une personne peut inviter dix personnes qui peuvent à leur tour en convier dix autres, etc.), réside dans son pouvoir de mobilisation des « invisibles » et des exclus de la prise de parole, lesquels n'accepteront de s'exprimer le plus souvent qu'au sein de cercles de confiance à la fois proches et bienveillants. En somme, la technique des dialogueurs fonctionne sur le principe de la confiance entre semblables : en tant que collaborateur, je respecte davantage la parole de ceux qui vivent les mêmes choses que moi que la parole de ceux – l'encadrement ou la « hiérarchie » – qui vivent dans des mondes très différents. Ce qui est vrai pour le salarié d'EDF l'est encore bien plus pour le citoyen. C'est pourquoi l'organisation de ce théâtre ambulant de dialogueurs, dans les communes et dans les lieux publics, est si prometteuse pour l'éducation populaire hors les murs. Utopie ? Loin de là ! Une application mobile baptisée La Récré, en cours de lancement en France, cherche précisément à générer ce nouveau format de rencontres informelles. Conçue comme un réseau social, elle permet de lancer des *récrés spontanées* en invitant des groupes de citoyens à se rassembler autour d'un enjeu local, avec ou sans ordre du jour. Pourquoi les enfants auraient-ils le monopole de la cour de récréation, ce moment si magique dont nous sommes presque tous nostalgiques ? Qu'il s'agisse de trouver une solution pour le SDF qui dort devant le bureau de poste, d'inventer une monnaie locale ou d'organiser l'arrivée de migrants ukrainiens dans la commune, La Récré convie, au pied levé, des citoyens qui se sont cooptés, sur le modèle du site Gens de confiance. On a tous le droit à nos récrés, cellules souches des interactions les plus vivantes.

Côté « farandole démocratique », tout est à inventer ! La démarche serait moins informelle, moins auto-organisée que les précédentes, dans la mesure où elle supposerait une pseudo « compagnie de théâtre » : association, ONG, mouvement d'opinion, antenne d'un parti politique ou collectif organisé. Une illustration ? Le Bus d'alerte républicaine et démocratique (BARD) de la Fondation du camp des Milles, qui a lancé début 2022 une grande opération de sensibilisation nomade, avec l'objectif de parcourir 6 000 kilomètres dans toute la France pour appeler à une « vigilance nécessaire face aux extrémismes » et pour préserver le « vivre-ensemble et la paix civile ». Au programme : des arrêts dans une vingtaine de villes de France à la rencontre de différents publics, y compris dans les universités, avec une véritable mise en scène constituée de douze panneaux et de la projection d'un film dédié à la vulgarisation de recherches scientifiques sur les génocides du XXe siècle. Cette opération est, bien entendu, l'occasion d'encourager les plus jeunes à s'engager dans le processus démocratique et à s'inscrire sur les listes électorales.

Autre exemple de « farandole démocratique » ? La *Fresque du climat* ! Un jeu graphique qui prend la forme d'un atelier ludique, pédagogique et collaboratif, dont l'objectif est de sensibiliser le public au changement climatique. Le dispositif visuel insiste sur les liens de cause à effet entre quarante-deux cartes, qui sont autant de variables d'impact environnemental décrites dans les rapports du GIEC. Au-delà de l'aspect didactique du jeu, les participants peuvent laisser libre cours à leur imagination pour décorer la fresque, exprimer leur ressenti et discuter de solutions individuelles et collectives afin de lutter contre le réchauffement de la planète. La force de la *Fresque du climat* est sa viralité : depuis 2018, l'association mère a animé cet atelier auprès de deux cent mille personnes et formé cinq mille animateurs et animatrices. Le jeu est traduit dans vingt-cinq langues et est représenté dans plus de quarante pays. Quel outil d'éducation populaire peut prétendre à un tel succès en si peu de temps ? Et si cette fresque participative devenait une sorte de *Matrix*, au service de l'engagement démocratique de demain ? Il est aisé de comprendre que la plupart des sujets politiques revêtent le même caractère multidimensionnel que l'urgence climatique. Qu'il s'agisse de la santé, de l'éducation, de la mobilité, de l'endettement public, de la fiscalité ou encore de l'aménagement du territoire, la plupart des réformes publiques nécessitent un « mural » des tenants et aboutissants du problème pour devenir intelligibles. La démocratie elle-même pourrait faire l'objet d'une telle représentation, au travers d'une illustration graphique des institutions à faire évoluer. Plutôt que d'écouter passivement la liste des réformes préconisées dans les programmes des candidats aux législatives ou à la présidentielle, nous serions collectivement bien avisés de participer à ce *serious game* en format bande dessinée géante. Gageons que si 5 % des Français se laissaient former pendant quelques heures d'ateliers aux fresques des grandes politiques publiques qui battent la mesure des choix électoraux, nous serions plus nombreux à avoir envie d'aller voter, et certainement plus nombreux à savoir pourquoi nous le faisons.

Preuve que le sursaut d'engagement se produit là où on ne l'attend pas, dans des configurations imprévues.

Ultime démonstration avec une image frappante : celle du penalty de la démocratie « corinthiane » ! Nulle référence ici à la ville portuaire grecque, mais à un club de foot brésilien, les Corinthians de São Paulo, et à son joueur star du début des années 1980 : l'immense Sócrates. Un épisode resté unique dans l'histoire du football mondial, avec pour ligne de mire l'intraitable dictature militaire brésilienne de l'époque. L'arrivée en 1981 à la tête du club d'un nouveau directeur sportif, Adilson Monteiro Alves, va faire basculer les choses. Ce jeune sociologue de 35 ans, opposé au régime dans sa jeunesse, ne connaît rien au football, mais a des idées bien arrêtées – et réformatrices – sur la manière de partager le pouvoir de décision. Face à lui, une équipe à l'écoute, et tout particulièrement trois joueurs aux profils atypiques et engagés : Sócrates, Wladimir et

Walter Casagrande. En quelques mois, toutes les pratiques du club vont être bouleversées : le pouvoir de décision revient soudainement aux joueurs, les recettes sont redistribuées à tous les salariés du club, du remplaçant sur le banc de touche au jardinier, toutes les modalités d'organisation des déplacements et du recrutement sont soumises à un processus de délibération. Cerise sur le gâteau pour le choix le plus symbolique de tous, la désignation de l'entraîneur, on procédera par un vote collectif. C'est ainsi que sera élu le joueur Zé Maria, ex-star du ballon rond, champion du monde en 1970 avec la Seleção, la mythique équipe nationale. Bref, la démocratie participative fait une entrée fracassante dans un milieu footballistique inféodé à la dictature brésilienne, et réputé dans le reste du monde pour sa culture de droite. Pendant quatre ans, de 1981 à 1984, le club des Corinthians, porté par ces trois joueurs phares et leur entraîneur, va transformer les stades en lieux d'expression de la résistance populaire. Arborant des maillots noirs estampillés « *Democracia* », perlés de taches rouge sang symbolisant les exécutions capitales, déployant fièrement sur le terrain des banderoles « *Ganhar ou perder, mas sempre com democracia* » (« Gagner ou perdre, mais toujours en démocratie »), l'équipe de foot des Corinthians devient un des symboles nationaux de l'élan d'émancipation. Elle fera dire à Lula, futur président du Brésil vingt ans plus tard, qu'en dehors de ce stade de São Paulo, les fans de foot sont des supporters, mais qu'avec les Corinthians, ils sont des militants. Fin politique, celui-ci réalisera très vite qu'il n'existe pas d'autre endroit au monde susceptible de réunir cent mille personnes autour d'une passion, le ballon rond, et d'une obsession, celle de l'élection présidentielle directe. Avec la restauration de la démocratie au Brésil en 1985 (et le début des mauvais résultats du club), le mouvement de la démocratie « corinthiane » finira par disparaître, fermant une parenthèse enchantée qui aura été de courte durée. Non sans avoir tiré, enfin, le penalty décisif face à la dictature. Un ballon posé face au but depuis 1964, date de la prise de pouvoir des militaires, dans lequel des générations de résistants auront tenté de frapper, sans succès, handicapés par les blessures et les tortures du régime. Il aura fallu la grandeur du « docteur » Sócrates et la puissance d'un quatuor magique de joueurs éclairés pour réussir à marquer le but de la victoire, avant de disparaître. La démocratie, durant ces jours de clameur sportive, ne se fabriquait pas dans un hémicycle de pacotille, mais sous les fumigènes du stade d'Itaquera.

Les « petits *corners* » de la démocratie

De retour en Europe pour la suite de l'escapade buissonnière, à la recherche de nouveaux lieux : appelons cette échappée la stratégie du

« *corner* ». Comme aux Galeries Lafayette ou au Printemps, quand on entre dans un grand magasin, quel qu'il soit, on découvre en réalité une somme de petits espaces de vente de quelques mètres carrés réservés à telle ou telle marque. Pour l'enseigne qui accueille, l'objectif du petit *corner* est d'attirer plus de visiteurs, et pour le petit *corner*, l'enjeu est de mobiliser tous ceux qui ne seraient pas venus sans le concours de l'enseigne. Le grand magasin est donc une addition de petits *corners* indépendants. Tout comme le marché du village est une addition d'échoppes, ou la Fête de la musique, une somme de petits événements improvisés. Voici quelques règles d'ordre pratique qui s'appliqueraient à faire naître demain des « petits *corners* » de la démocratie partout dans la grande enseigne France ! Ces derniers seraient tout bonnement les lieux de la délibération permanente…

Sont concernés a priori tous les endroits publics où l'on peut se réunir à plusieurs sans violation de propriété, faciles d'accès (un lieu de transit et non un lieu de « destination » impliquant un déplacement dédié), proches des lieux de vie des habitants, bénéficiant d'un minimum de confort (pour avoir plaisir à y rester) et sans usage « rival » (certains lieux répondent à un usage prédéfini rendant incompatible l'expression collective d'un groupe, comme une patinoire ou une piscine municipale par exemple). Concrètement, chaussons nos « bottes de neuf lieues » pour parcourir l'ensemble des « petits *corners* » démocratiques à populariser (accompagné de l'antiliste des fausses bonnes idées) :

D'abord, et d'évidence, les tiers-lieux : ce sont des espaces de travail et de rencontres favorisant par nature la coopération. Il en existe environ trois mille en France (souvent appelés « *coworking* »). Près de cent cinquante mille personnes s'y activent quotidiennement et plus de deux millions de Français sont venus y réaliser des projets en 2022. Ces espaces sont les lieux les plus naturels de coconstruction des politiques publiques de demain avec les citoyens, ils se cherchent d'ailleurs une vocation sociétale. Fausse bonne idée de substitution : les entreprises, car elles sont privées et la politique n'y a généralement pas droit de cité.

Deuxième terrain fertile pour les « petits *corners* » démocratiques : les cafés et les bars ! La France, avouons-le, n'est pas en reste dans ce domaine, on recensait 35 000 établissements sur l'ensemble du territoire en 2014 (dernier recensement en vigueur). Ce chiffre est certes en diminution constante (41 600 en 2003), mais il demeure très élevé. Il y a autant de cafés que de communes en France, ce qui crée un parallèle sympathique entre débit de boissons et démocratie locale. À ceux qui considéreraient comme impropre l'utilisation d'un commerce pour faire vivre notre démocratie, rappelons que lors du grand débat national en

2019, ce sont près de onze mille réunions d'initiatives locales (les fameuses « RIL ») qui ont été spontanément organisées par des citoyens et des associations, et que nombre d'entre elles ont trouvé refuge dans les cafés. Rappelons également que la pratique du « café philosophique » n'est pas un oxymore exotique, même si cette tradition est un peu moins vive ces jours-ci. Fausse bonne idée de substitution : les restaurants, car ils ne respectent pas la règle de l'usage « rival » (on y va pour se restaurer à table, activité assise et fixe peu compatible avec la fluidité du débat public et avec les rotations d'une table à l'autre).

En troisième cercle, les places de nos villes et de nos villages : quasi indénombrables, il y en a autant que de communes et plusieurs centaines par métropole. Elles sont imbattables sur le plan de la sociabilité. D'ailleurs, c'est généralement par l'occupation de places que naissent les grands mouvements de contestation politique, d'Occupy à Nuit debout en passant par le printemps arabe. Notons cette singulière pratique en Amérique du Nord qui permet à un individu ou une famille de financer un banc public, au moyen d'un don successoral, en mémoire de ses habitudes ou de son attachement pour le lieu. Dans cet esprit, des dons collectifs (ou un budget participatif) pourraient financer un banc « causette » sur chaque place publique destiné à la discussion entre inconnus sur une question d'intérêt général ! Des idées de thèmes enthousiasmants pourraient être imprimées sur le dossier du siège afin de stimuler le choix des sujets, petite enfance, culture ou commerce responsable… Fausse bonne idée de substitution : les ronds-points (tiens, tiens), souvent d'ailleurs caractérisés de « non-lieux », car ils ne respectent pas la règle de l'accessibilité. En tant qu'endroits de passage et de facilitation du trafic automobile, ils ne sont pas conçus pour une occupation pérenne et sédentaire, sauf quand ils sont devenus, tout comme les péages, le territoire de militance des Gilets jaunes. Exception n'est pas raison.

En guise de quatrième cercle, sous forme de couronne verte, les parcs urbains : tous les promeneurs savent combien il est agréable de flâner et de se poser dans un environnement naturel en plein centre-ville. Et depuis belle lurette, les Londoniens ont appris à marier parc et politique, au travers des fameux « *speakers' corners* » (« coins des orateurs »), ces zones réservées au nord-est de Hyde Park où chacun peut prendre la parole librement et assumer un rôle temporaire d'orateur devant une assistance souvent captivée. Les parcs sont la preuve (d'origine athénienne) du besoin citoyen de se réunir en public pour discuter de la vie de la cité. Et les Africains ont raffiné cette pratique autour de l'arbre à palabres. Fausse bonne idée de substitution : les parcs naturels ou nationaux, grandioses mais protégés, qui ne respectent pas la règle de l'accessibilité et qui exigent dorénavant un soin particulier au regard des risques d'incendie ou de dégradation.

En cinquième point d'ancrage, et des plus étonnants, figurent les centres commerciaux ! Lieux sacrés du pèlerinage consumériste pour une proportion toujours croissante de la population, ils sont riches en parcours de socialisation, autour d'une fontaine, d'un aménagement, d'une agora. Les architectes et experts du géomarketing ont optimisé la fluidité des déplacements et ont fait preuve de trésors d'inventivité pour que les clients n'aient aucune envie de s'en échapper. Fausse bonne idée de substitution : la grande distribution et ses super ou hypermarchés, qui ne respectent évidemment pas la règle de l'usage « rival » (on y va pour faire ses courses, et l'on y reste le moins possible, sauf les jours de soldes).

Nouveautés dans le paysage des socialisations urbaines, au-delà de la seule gestion des flux de passagers, les gares constituent le sixième cercle… Des zones de transit par excellence, de plus en plus conçues comme des « mégas tiers-lieux », où l'on attend (dans des salles wi-fi prévues à cet effet), on joue de la musique (sur ces fameux et géniaux pianos à roulettes), on se restaure (pour tuer le temps) et on travaille (pour gagner du temps). Fausse bonne idée de substitution : les aires de stationnement et les parkings souterrains ou à l'air libre, car ils ne respectent pas la règle simple du confort, entre deux pots d'échappement.

Septième cercle des « *corners* » démocratiques de demain, les théâtres municipaux : bien plus nombreux que les quatre théâtres nationaux, que les trente-huit centres dramatiques nationaux et régionaux ou que les cinquante théâtres privés en France, les théâtres municipaux sont, quant à eux, avantageusement distribués sur l'ensemble du territoire. Bénéfice incontestable, ils sont nativement conçus pour l'interaction, avec une scène propice à la prise de parole à tour de rôle et des sièges confortables pour l'auditoire. Fausse bonne idée de substitution : les cinémas, car ils sont occupés toute la journée et ne respectent pas la règle de l'usage « rival ». Regarder un film dans le noir et le parfait silence sur grand écran est peu compatible avec une assemblée citoyenne, vocale et houleuse par vocation ! Exception à cette règle : l'idée magique de lancer dans les cinémas les Nuits de la démocratie, comme sont organisées depuis 1981 au Grand Rex et ailleurs, les Nuits des publivores, tellement festives et jubilatoires…

En huitième position (mais elles pourraient tout aussi bien figurer dans le premier cercle), les trois mille cinq cents librairies indépendantes en France. Ces commerces « essentiels » d'un genre particulier ont l'habitude de recevoir du public (notamment pour les signatures d'auteurs), même si leur superficie moyenne est souvent très contrainte. Mais l'ingéniosité spatiale des libraires est sans limite. Fausse bonne idée de substitution : les musées, tout aussi culturels, mais qui ne respectent pas la règle de l'usage « rival » (on va au musée pour une expo, permanente ou temporaire, et l'on y subit la contrainte de la fragilité de l'environnement direct des œuvres. Sans compter que l'entrée y est payante, comme pour le cinéma).

Enfin, neuvième et dernier cercle, les maisons France services, tout simplement. Ce nouveau réseau d'accès aux services publics de proximité qui permet au citoyen, quel que soit son lieu de vie, d'effectuer ses démarches administratives du quotidien. Deux mille cent quatre-vingt-dix-sept maisons France services ont été labellisées en 2022. Chacune d'entre elles permet un accompagnement sur les démarches relevant d'une dizaine de partenaires publics nationaux, dont La Poste, Pôle emploi, la Caisse nationale des allocations familiales, la Caisse nationale de l'assurance maladie ou la Direction générale des finances publiques. À cette dizaine d'acteurs se rajouterait aisément la fonction démocratique des « petits *corners* » de la participation citoyenne. Fausse bonne idée de substitution : toute autre organisation de service public déconcentré, qui répond à une mission stricte généralement encadrée, et qui n'est pas ouverte aux quatre vents.

Dans le conte de Charles Perrault, le Petit Poucet dérobe les bottes de sept lieues de l'ogre pour gagner la cour du roi en un temps record. La « démocratie des neuf lieues » n'en demande pas davantage à ces chaussures merveilleuses : nous porter en quelques mouvements vers ces neuf « petits *corners* », et peut-être vers d'autres à imaginer. Ce faisant, on se lancerait à l'assaut d'endroits compatibles avec la concertation, mais non strictement conçus pour elle, car telle n'était pas la vocation première des tiers-lieux, des cafés ou des librairies indépendantes. Et ces endroits improvisés redonneraient à la démocratie un début d'enracinement, telle une généreuse bouture de vigne.

Recherche *middleground* désespérément

Du *corner* en surface à la racine de vigne, baissons le regard et grattons un peu sous terre. Dans ce que le vocabulaire artistique appelle la *subculture*, entre la préculture (ce qui précède la culture établie) et la contre-culture (ce qui s'y oppose). Cette terminologie n'est pas fortuite : elle fait référence à une forme de *génie des lieux* pour expliquer le foisonnement créatif d'une ville ou d'un territoire. Londres, New York, Berlin, Barcelone , Tokyo, Séoul, autant de foyers de création dont on vante la richesse et l'exubérance de la scène underground. Dans ces enclaves foisonnantes d'expérimentations créatives, dans ce monde cruel et darwinien dont finiront par émerger quelques rares talents pris dans les faisceaux de lumière de la notoriété (alors que l'immense majorité d'entre eux continuera à auto-éditer des « fanzines » ou à graffiter les murs, sans succès). Longtemps on s'est penché sur ces mystérieuses trajectoires « d'extraction » des talents créatifs pour tenter d'expliquer comment on fait sortir les artistes de l'anonymat. L'interprétation la plus convaincante se fonde sur deux concepts anglophones un peu barbares, qui viennent compléter la notion d'underground : l'*upperground* et le *middleground*. Selon cette approche de géographie urbaine, les villes créatives s'articulent en effet autour de trois strates actives : les entreprises installées et institutions dites officielles – qualifiées d'*upperground* (« l'étage du haut ») – absorbent et financent les pratiques créatives émergentes, alors que les acteurs de l'underground explorent et proposent en solo ou en micro-collectifs, souvent sans aucun moyen, de nouvelles avenues de création. Entre les deux intervient, plus ou moins activement, un réseau intermédiaire baptisé *middleground* qui assume une fonction de transfert entre l'*underground* et l'*upperground*. C'est en somme la courroie de transmission reliant les deux. Dans le champ créatif, ce réseau est constitué d'agents artistiques, de découvreurs de talents (les fameux « *scouts* »), de scènes ou salles locales, d'organisateurs d'événements et de festivals, d'éditeurs alternatifs, de studios de production indépendants, etc. Quel meilleur exemple, dans l'univers de l'humour, que le Comedy Club lancé par Jamel Debbouze, scène de théâtre parisienne dont la vocation est d'accueillir de jeunes talents comiques anonymes et de leur permettre de se faire connaître sur la scène nationale ?

Limpide sur le papier, cette grille d'analyse sociologique et économique peut en réalité s'appliquer à autre chose que la sphère créative. C'est ainsi que la « Démocratie majuscule » telle que nous la connaissons sous la Ve République n'est finalement qu'un *upperground.* Elle est d'abord et avant tout un périmètre institutionnel, avec ses assemblées très officielles, ses partis politiques historiques, ses rituels protocolaires, ses règles normées, ses lobbies installés. En face, ou plutôt en dessous, l'*underground politique* est une caricature de jungle broussailleuse : une forêt inextricable composée du milieu activiste et militant (lorsqu'il n'est pas d'emblée accaparé par l'*upperground* d'un Greenpeace ou d'un WWF), d'une multitude d'associations ou de comités de quartier, de bénévoles et autres bonnes volontés citoyennes, d'étudiants qui se cherchent une cause, de doux dingues utopistes, d'artistes politisés, de petits collectifs anonymes, d'amorces de groupes de réflexion Facebook, Discord ou Signal, de concepteurs de tracts et d'affiches, d'auteurs inconnus, d'intellectuels en devenir, de frondeurs indépendants, de défroqués de la politique, de rappeurs ou rockeurs en résistance, etc.

Entre l'*upperground* du VIIe arrondissement de Paris et l'*underground* du XXe ou de Belleville, recherche *middleground* désespérément ! Constatons le quasi-néant.

Ce vide est problématique pour la démocratie, car il entretient la reproduction des élites politiques et la désaffection électorale que nous connaissons. Comme si notre démocratie était un organisme sans peau, sans surface de contact avec le réel. Même les modes d'engagement, de formation et de sélection des militants et futurs élus se délitent. Historiquement, il fallait transiter par les réseaux installés du syndicalisme étudiant et des jeunesses politiques (souvent à gauche de l'échiquier). On se souvient par exemple dans les années 1980 de la création de SOS Racisme ou de la Fédération indépendante et démocratique lycéenne (FIDL), fondée à la suite du mouvement contre le projet de loi Devaquet. Cette source s'est en partie tarie. Le second chemin possible était la filière locale qui passait par le militantisme de terrain, une expérience d'élu en collectivité, puis l'Assemblée nationale où un député pouvait se faire remarquer. Constatons l'érosion progressive de cet autre sentier de la gloire face à l'impatience des nouvelles générations. Enfin, la troisième filière, la plus directe, car elle chemine par l'Élysée ou Matignon, a toujours été celle des cabinets et des collaborateurs à qui l'on offre une circonscription (le « parachutage ») et qui deviennent députés haut de gamme, voire directement ministres. Ils cumulent compétence, expérience politique et réseaux politico-médiatiques. Élitiste en diable, cette filière demeure la voie royale. Quelle que soit l'évolution historique de ces trois parcours vers le pouvoir, ils ne peuvent plus être exclusifs, au risque de ghettoïser le jeu démocratique et de fabriquer un « entre-soi » dans lequel les Français ne se reconnaissent plus. Comme dans tout système fermé, on ne pourra que constater l'évolution programmée vers le désordre. Il est donc essentiel d'ouvrir les vannes. C'est le rôle du *middleground démocratique*.

Sa forme ? Un réseau à organiser. Sa vocation ? Créer des passerelles moins aléatoires entre les aspirations individuelles citoyennes et le pouvoir politique. Ses ingrédients clés ? Des « passeurs » volontaires qui assurent l'identification, la sélection et la transmission des talents, des idées et des projets auprès des personnels politiques et des élus qui se chargeront de les analyser, de les amender, de les relayer et de les soutenir. Il devient impératif de permettre à la créativité des individus et des groupes citoyens *underground* de « percoler » jusqu'aux structures établies que constituent les cabinets ministériels, les partis, les *think tanks*, les commissions parlementaires, les conseillers et les médias influents. Entre ordre et chaos, c'est à une chorégraphie savante qu'il faut s'atteler pour coller aux mouvements naissants, aux collectifs émergents, aux « petits mondes » afin qu'ils apprennent à travailler avec les professionnels de la politique, « l'étage du haut ». Il n'y a rien de plus compliqué ici-bas que d'obtenir un rendez-vous avec un ministre. Publier un point de vue dans un média quelque peu reconnu relève d'un chemin de croix. Rejoindre un parti est des plus simple, mais y avoir une influence est quasi impossible. L'*underground* a donc besoin d'un coup de pouce, grâce à la publicisation et le passage à l'échelle de projets locaux et modestes d'innovation démocratique (nouveaux formats de convention citoyenne, nouvelles techniques de vote ou de référendum, etc.).

Concrètement, si l'on veut créer en France une véritable culture démocratique dont la surface de contact avec les citoyens soit la plus étendue possible, il faudra à court ou moyen terme faire émerger ou renforcer ces nouveaux acteurs du *middleground* politique. Qui sont ces relais ? Pêle-mêle, des « connecteurs » (ceux qui ont des réseaux de contacts dans la sphère institutionnelle), des laboratoires d'idées (Décider ensemble, Institut de la concertation et de la participation citoyenne…), des organisateurs de colloques, des médias indépendants qui s'adressent aux nouvelles voix et créent des ponts (Le Crayon…), des plateformes de vulgarisation animées par des jeunes (YouTube, Twitch, TikTok…), des écoles de formation de la société civile à des responsabilités sociétales (les Investies, le Collège citoyen, l'Académie des futurs leaders…), des réseaux d'innovateurs démocratiques (Démocratie ouverte, Débatlab…), des formations universitaires ou libres qui « pensent » le participatif (Engage University, l'université Panthéon-Sorbonne ou celle de Compiègne…), des chercheurs spécialisés dans le fait électoral et les sciences politiques de demain (Cevipof…), des *living labs* d'expérimentation autour du bien commun, des tiers-lieux (Halles civiques, Philanthro-Lab…), des plateformes de démocratie digitale (la « *civic tech* » française, encore fragmentée), des réseaux d'anciens (collaborateurs parlementaires, membres de cabinet…), des réformistes (les 100 Barbares, les Barbares publics…), des organisateurs de festivals engagés (festival de ciné-débat Projection Transition, organisé par Les Shifters…), des coachs et formateurs en prise de parole en public, des communautés de pratiques en concertation, des librairies engagées, des écoles d'écriture (de programmes, de manifestes…), des cafés, bars ou lieux de rencontres informelles, etc. Tout un écosystème fertile, qui ne demande qu'à être renforcé et soutenu, et qui doit être cartographié afin d'être lisible par tous.

C'est à cette condition, bien plus qu'au travers du vote électronique ou du changement de calendrier des législatives, qu'émergera progressivement un creuset culturel de renouvellement à la fois de l'engagement et des idées politiques en France. Le sentiment des citoyens « du bas » de ne plus avoir prise sur le cours des choses sonne comme un appel à leur faire la courte échelle.

Le feu de camp, les points d'eau et la grotte

S'attaquer à l'omniprésence de « l'étage du haut », les institutions, par le renforcement de ce qui est censé l'alimenter « en bas » en forces vives, l'*underground* et le *middleground*, c'est contribuer à faire de la démocratie un bien commun, pour une souveraineté plus active. C'est un comble de constater qu'aucun politique ne s'en soucie. Mais prendre à rebours l'establishment implique également de revisiter jusqu'aux infrastructures « visibles » de nos démocraties. En commençant par se poser la question de la saine architecture censée accueillir les débats publics. Et comme aucune démocratie ne s'est souciée de son *underground* et de son *middleground*, posons au moins le regard sur notre *upperground* institutionnel, constitué de la principale institution de représentation de la Ve République : le Parlement.

En matière architecturale, la forme suit généralement la fonction, c'est une règle de base. Autrement dit, le dessin d'un bâtiment doit servir un but bien déterminé. On ne peut alors que s'étonner de l'extraordinaire désalignement de nos grands hémicycles parlementaires par rapport à l'objectif de consensus et de coconstruction qu'ils revendiquent. Tout simplement parce qu'on a trop longtemps considéré le travail parlementaire indépendamment de la manière dont les gens apprennent, à l'école ou dans la vie.

Le futurologue américain David Thornburg a mis en avant dans ses travaux, dès 2004, trois « espaces métaphoriques » complémentaires pour l'apprentissage du savoir. Il faut pour cela se reporter à son ouvrage de référence sur l'éducation baptisé *Les Métaphores primordiales pour apprendre au XXIe siècle.* Dans ce livre, étonnamment peu connu en France, Thornburg décrit un *agencement physique* de type salle de classe du futur qui se décompose en trois archétypes de lieu : le « feu de camp », où les experts et les enseignants partagent leurs connaissances en racontant des histoires (c'est le lieu du « *storytelling* »), les experts pouvant également être des étudiants amenés à partager leur apprentissage ; le « point d'eau », où les informations sont puisées (partagées avec les publics) et où les connaissances sont développées ; et la « grotte », où les connaissances sont intériorisées (réfléchies, comprises, synthétisées) et où un individu peut penser et transformer l'apprentissage de connaissances externes en croyances internes. La grotte reconnaît le besoin d'intimité, d'être parfois seul, de prendre du recul. Sont ainsi disposées dans cet agencement physique, avec le mobilier adapté, des zones dédiées aux récits d'un expert, des zones dédiées à la collaboration autour de tables communes et des zones dédiées à la réflexion individuelle et à la maturation des connaissances (grâce à des objets permettant d'être au sol, assis ou debout). Comme on peut déplacer facilement le mobilier, un feu de camp peut se transformer en un point d'eau ou en une série de grottes. En somme, la salle de classe se met *physiquement* au service de ces trois formes d'apprentissage et devient le modèle type de l'espace favorisant la création du savoir.

C'est dans cet état d'esprit « à la Thornburg » qu'il nous faut transformer les lieux de la démocratie moderne. Sans prétendre élaborer une véritable pensée du « design apprenant », voici à l'usage des curieux les premières clés d'une utopie architecturale de la concertation publique, sous la forme d'un cahier des charges à destination des urbanistes et architectes « concertants ». À ce cahier des charges, on est tenté d'assigner douze exigences fondamentales habituellement négligées dans la plupart des bâtiments ayant vocation à recevoir du public.

Tout d'abord, les grands principes :

1. Privilégier une taille humaine (on ne coconstruit pas facilement au-delà d'une douzaine de personnes, nombre d'or de l'efficience des petits groupes).
2. Dessiner une structure antistatique (possibilité d'ajouter des espaces adjacents, d'ouvrir les cloisons, etc.).

3. Prévoir la flexibilité du mobilier (susceptible d'être réagencé et déplacé en fonction des circonstances).

   Ensuite, la structuration de l'espace :

4. Dessiner des lieux « alvéolaires » constitués de petites zones identiques et séparées, dédiées à la coconstruction : ce sont les « points d'eau » de Thornburg.
5. Organiser l'espace autour d'un nœud central de partage duquel les participants ou experts voient l'ensemble du reste de l'auditoire (structure dite « panoptique ») : c'est le « feu de camp » de Thornburg.
6. Disposer de zones d'intimité et de réflexion individuelle afin de permettre aux participants d'intérioriser les connaissances : c'est la « grotte » de Thornburg.

   Viennent les principaux usages :

7. Anticiper des usages hybrides (présentiels et distanciels) avec une acoustique adaptée à une forte fréquentation et une infrastructure multimédia adéquate.
8. Envisager une architecture dont la contrainte induit un comportement social, par exemple un lieu dans lequel il est plus facile de croiser le groupe que de s'isoler. Cet aspect est fondé sur le modèle de cette étonnante initiative japonaise baptisée « *architecture against death* » – l'architecture contre la mort – qui organise un jeu d'obstacles et de contraintes pour les résidents atteints des premiers symptômes de

la maladie d'Alzheimer afin de leur « compliquer la vie » intentionnellement et de les garder ainsi en « tension mentale ».

Enfin, l'environnement tout autour :

9. Intégrer, comme dans un lieu de vie, une offre de restauration au motif que l'on ne reste durablement dans un endroit que si celui-ci est prévu pour les rythmes physiologiques.

10. Travailler une luminosité naturelle et artificielle conçue pour le bien-être des participants.

11. Ouvrir les lieux sur l'extérieur (vue, jardins, terrasses…) pour ne pas créer un effet de « bulle » ou d'isolement et rappeler aux participants qu'ils sont « en société ».

12. Choisir le lieu d'implantation en fonction de la connexion avec les transports en commun et travailler l'accessibilité de l'espace pour les personnes à mobilité réduite.

En somme, les lieux actuels de la démocratie sont de purs impensés ! Ils doivent évoluer vers des ambiances conçues pour la cocréation. En comparaison, un voyage dans l'Europe des Parlements nous fait découvrir un paysage édifiant de conformité. De Berlin à Lisbonne, de Stockholm à Athènes, de Bruxelles à Bucarest, la quasi-totalité des Parlements de l'Union a fait le choix moutonnier et désespérément austère de l'hémicycle grec. On ne compte que six exceptions sur vingt-huit pays (incluant le Royaume-Uni) : les Slovènes (avec une

Assemblée, originale, bien que peu pratique, en forme de théâtre en cercle complet autour d'un perchoir central), les Luxembourgeois (avec une Chambre de 60 députés du Grand-Duché de Luxembourg en forme de U conventionnel très « *business room* », favorisée par sa toute petite taille), les Maltais (avec une Chambre des représentants de Malte constituée de deux rangées de sièges qui se font face, minuscule, car dimensionnée pour 79 députés et ressemblant à des stalles d'église, ces deux alignements de sièges destinés aux prêtres), les Bulgares (avec une Assemblée nationale qui a la forme d'un auditorium rectiligne très cartésien), les Estoniens (avec un Parlement sous la forme d'une salle de classe élémentaire accumulant des rangées de sièges les uns derrière les autres « à la Jules Ferry ») et, bien sûr, les Britanniques, avec leur célèbre Chambre des communes du palais de Westminster, à la fois étonnamment petite (290 m^2 et 437 sièges seulement pour 650 « MP ») et objectivement oppositionnelle. D'un côté de la salle, la majorité, de l'autre, l'opposition : un face-à-face digne de *Règlements de comptes à O.K. Corral* ! Deux lignes rouges au sol séparent d'ailleurs les deux camps avec entre elles une distance équivalente à… la longueur de deux épées. Difficile dans une telle disposition spatiale de ne pas favoriser le bipartisme viril selon une conception clivante de la société. Le président (dénommé *speaker*) est placé à l'une des extrémités de la pièce entre ces deux groupes antagonistes, en position théorique d'arbitre. Originalité notable, la salle ne permet pas d'accueillir une majorité écrasante, deux cents députés devant « siéger debout » par manque de place (selon la règle du « premier arrivé, premier servi »), ce qui peut rééquilibrer certains rapports de force, car les malheureux retardataires ne peuvent pas prendre la parole… Disons que la configuration de la chambre basse de Westminster ne laisse pas de doute sur le match politique attendu.

En France, le palais Bourbon, son hémicycle surélevé par rapport à la Seine, arrogant, sa salle des séances en demi-cercle inspirée des théâtres anatomiques pour réunir les élus du peuple, sa division en blocs parlementaires dans un éventail politique déplié de gauche à droite, afin que tous puissent « en théorie » se voir et s'entendre, ses douze colonnes extérieures sous un fronton triangulaire, dans un registre assumé de temple grec antique, tout concourt au formalisme politique fossile. Comment se fait-il qu'aucun des vingt-huit pays n'ait eu l'audace de renouveler le « design spatial » de sa démocratie représentative, alors même que certains bâtiments, comme le Bundestag ou le Parlement européen, sont des créations récentes signées par des architectes stars connus pour leurs gestes radicaux et anticonformistes ? Même les salles de classe des écoles élémentaires sont en train d'opter pour un design modulaire et flexible !

L'épicentre des décisions concernant la vie et le quotidien de tous ne peut-il faire l'objet d'un effort minimal de conception, au moins davantage que celui consacré à l'aménagement de la buvette du Stade de France ?

Conclusion : les objets architecturaux de la démocratie ont clairement fait l'économie d'une réflexion sur l'art de la décision collective. Osons en appeler à une remise à plat des réflexes spatiaux en matière délibérative, en croisant avec culot les influences du design scolaire (merci Thornburg), de l'architecture africaine (vive le symbole des arbres à palabres !), de l'architecture asiatique (l'horizontalité et l'ouverture sur l'extérieur) ou de l'architecture arabe (l'aménagement autour d'une cour centrale, de type ryad, et non au pied d'un perchoir autoritaire).

Pour donner corps à cette utopie, regardons du côté des architectes ayant réfléchi aux dessins de la ville du futur. Ainsi de l'architecte bruxellois Luc Schuiten, coauteur des fabuleuses bandes dessinées *Les Terres creuses*, inventeur des mondes de demain les plus oniriques. Il a imaginé, avec l'agence de concertation citoyenne Missions publiques, un espace de débat public complètement neuf : une installation nomade qui va à la rencontre des habitants dans les campagnes et dans les villes. Le projet est baptisé « Scénographie itinérante d'un débat populaire ». Son infrastructure est flexible, facilement démontable et transportable dans une semi-remorque pour s'implanter au plus près des communautés citoyennes sans contraintes techniques majeures. Le « cirque » nomade se monte et se démonte en permanence. Il s'inspire de la forme alvéolaire évoquée précédemment, avec des espaces adaptés aux discussions en petits groupes. Ces alcôves se déploient en hémicycle autour d'une scène centrale, en contrebas, qui permet la restitution en plénière des travaux de chaque sous-groupe. Depuis les alcôves, sans bouger de place, les citoyens ont une vue d'ensemble des autres sous-groupes et des orateurs sur la scène. Prolongement positif du fameux et sulfureux « panoptique », popularisé par le philosophe et historien Michel Foucault, qui permettait, depuis une tour centrale de prison, d'observer tous les prisonniers en même temps. Là, il n'est nullement question d'univers carcéral, mais de faire de chaque alvéole un poste d'observation facilitant la délibération. Détail qui n'en est pas un, l'ensemble est conçu pour permettre une excellente acoustique.

Fermons le ban des utopies. Et exigeons de nos « starchitectes » qu'ils cessent de chercher la postérité en designant des aéroports démesurés (et déjà obsolètes) ou des hôtels cinq étoiles inabordables. Imaginons plutôt un monde dans le lequel le prix Pritzker – l'équivalent du prix Nobel pour l'architecture – sera demain décerné aux « scénographies itinérantes du débat populaire » et aux agiles « petits *corners* » de la démocratie ! Le front concitoyen cherche son nid.

3
La démocratie hors-média

> « On ne peut pas dire la vérité à la télé, il y a trop de monde qui regarde. »
>
> COLUCHE, *Pensées et anecdotes*, 1995

> « Les médias tiennent leurs informations moitié des gens qui souhaitent faire dire du bien d'eux-mêmes, moitié de ceux qui voudraient faire dire du mal des autres. »
>
> PHILIPPE BOUVARD, *Les pensées*, 1991

Dans quel monde vivons-nous ?

Dans une monarchie. Celle des médias. « Nous nous imaginons vivre dans des démocraties, alors que nous vivons dans des *médiarchies.* » Ce que dit Yves Citton, professeur de littérature et spécialiste incontesté de l'information, est étonnamment sous-estimé dans la compréhension de la crise démocratique que nous vivons. Traduction de ce constat alarmant : nous ne faisons l'expérience de la démocratie qu'au travers des médias qui nous en parlent. En tout cas pour la majorité d'entre nous qui ne sommes ni militants ni directement exposés aux épreuves et aux revendications des Français dans le besoin, et qui appréhendons la politique à partir d'une image du monde que démentirait aussitôt la confrontation directe avec le réel. Ainsi, combien parmi nous ont déjà vu un policier en patrouille dans un quartier sensible, un campement de migrants en train d'être évacué, un juge interagir avec un accusé ou un préfet prendre une décision sur un logement insalubre ? Combien parmi nous sont effectivement allés en prison ? Combien parmi nous sont suffisamment proches d'un homme ou d'une femme politique pour avoir vu comment se passait dans les faits une campagne électorale ? Combien parmi nous ont assisté directement à un meeting et ont été à l'écoute sans filtre du discours d'un candidat ou d'un élu ? Penser la politique semble par définition vouloir dire penser par fiction, pour des spectateurs non-acteurs.

À telle enseigne que ce n'est pas au peuple que la politique s'adresse, mais à un *public*. Le peuple de gauche n'existe pas, c'est le public de gauche qui l'a remplacé ! Quand Jean-Luc

Mélenchon s'adresse aux « gens », ce ne sont pas les gens en général qui sont concernés, ce sont ses publics à lui (voire ceux de son avatar en hologramme).

C'est un fait incontestable : nous sommes de plus en plus formatés par les médias que nous lisons, écoutons ou regardons. Notre rapport au monde transite par un nombre limité de grands supports, télé, presse et radio, auxquels il faut bien entendu rajouter les grands réseaux sociaux généralistes, Facebook, Twitter, Instagram et une poignée de plateformes destinées à un public plus jeune (YouTube, TikTok, Twitch, etc.). Très schématiquement, le processus est toujours le même : je vois quelque chose, je suis indigné, je réagis. À une autre époque, on aurait pu rajouter « je manifeste ». L'inverse est donc vrai : je ne vois pas quelque chose, je ne suis pas indigné, je ne réagis pas, je ne manifeste pas. Je suis donc le produit de ce que les médias ont choisi de me montrer. Les frasques d'un Trump sont irrésistibles pour une chaîne télé d'information continue ? Toutes les autres s'y engouffrent, et le phénomène tournera en boucle, créant instantanément des effets d'amplification auprès des « fans ». Ce n'est naturellement pas le caractère indispensable de la frasque en question qui explique l'apparition de cette « nouvelle » sur les chaînes hertziennes ou câblées, ce sont bien les besoins d'existence mêmes de ces chaînes qui justifient le relai de la « nouvelle ».

Ce phénomène est dorénavant démultiplié par la possibilité offerte au lecteur-spectateur-auditeur de sélectionner son attention, en filtrant lui-même ce qu'il choisit de lire-regarder-écouter. La séquence devient : *je décide de voir quelque chose*, je suis indigné, je réagis. Devant un tel pouvoir de persuasion, il est ô combien ironique qu'aussi peu de programmes politiques mettent les médias au cœur de leurs revendications ! Nous voulons aujourd'hui à peu près tout réformer, sauf cela même qui nourrit cette fièvre de réformes… Tel devrait être pourtant le troisième front à ouvrir : après le front culturel du premier chapitre et le front concitoyen du suivant, le « front médiatique » représente l'ultime théâtre des opérations pour renouveler la démocratie. Celle-ci n'aura aucun goût, si ce n'est celui amer de la caricature, tant que les médias n'auront pas réalisé leur mue. Trois grands pivots sont attendus.

Revoir de fond en comble la manière dont l'information est restituée au lecteur-auditeur-spectateur. Pivot numéro un.

Surprendre, surprendre, surprendre, ou nous laisser un peu d'air. Pivot numéro deux.

Devenir enfin démocratiques eux-mêmes, en intégrant le citoyen dans le donjon des rédactions, plutôt que de jouer les offensés permanents de la chute démocratique, dont les journalistes sont pourtant les seuls commentateurs attitrés. Pivot numéro trois.

Le tribunal des flagrants délires

Deux enquêtes du magazine *Society* parues à l'été 2020 sur Xavier Dupont de Ligonnès, vendues à quatre cent mille exemplaires, constituent sans conteste le « coup » médiatique de l'année, mais... aucune conclusion. *Much ado about nothing.* Ils ne l'auront pas retrouvé, ce père de famille soupçonné d'avoir assassiné sa femme et ses quatre enfants en avril 2011. Déjà, l'adaptation télé de la saga est signée avec une maison de production, du pas grand-chose miraculeusement transformé en du encore moins. Pourra-t-on un jour imaginer des médias dont la visée serait davantage de stimuler les esprits que de les occuper ? Pourrait-on considérer les médias autrement que comme des « banques d'attention » dont il s'agit de gérer les stocks d'un sujet « *hot* » à un sujet « *hit* » ? Overdose de sensationnalisme, recherche frénétique d'audience, infobésité, sursimplification des problèmes, déformation de la réalité, amnésie sélective (quand une information a fait la une en boucle pendant des jours et sa résolution, notamment judiciaire, est étonnamment oubliée quelques mois ou quelques années plus tard)... C'est grave, docteur ?

Oui, parce que cela crée depuis des années, voire une décennie, un écœurement des lecteurs, qui choisissent de plus en plus d'éviter les médias pour se tourner vers les réseaux sociaux et tomber ainsi de Charybde en Scylla, dans un univers incontrôlé de *fake news*, de vérités alternatives, d'intox, au secours ! Selon une étude mondiale de Reuters en 2022 portant sur la confiance dans les médias, les mêmes raisons de l'évitement se retrouvent peu ou prou d'un pays à l'autre : sujets jugés trop répétitifs (la gestion de l'info sur la crise sanitaire du Covid-19, hypnotique et obsessionnelle, n'est pas étrangère à cette saturation), impact négatif des « mauvaises nouvelles » sur l'humeur, médias jugés non dignes de confiance, sensation d'être constamment submergés figurent parmi les principaux griefs. Dix-sept pour cent des personnes interrogées choisissent même de ne pas s'informer pour éviter les disputes en famille ou entre amis ! Donnant ainsi raison aux trois petits singes de la sagesse asiatique dont chacun se couvre une partie différente du visage avec les mains, le premier se couvrant les yeux, le deuxième, la bouche, le troisième, les oreilles. « Ne pas voir le Mal, ne pas dire le Mal, ne pas entendre le Mal. » Et les vaches seront bien gardées.

Il incombe en conséquence aux médias de réagir, et vite. Ou de continuer à se marginaliser dans les pratiques des nouvelles générations, et de participer au délitement de notre démocratie en laissant une place rêvée aux approximations, affabulations et populismes. À vous, médias, de renouveler complètement vos manières de faire pour mieux nous informer. Cela passe d'abord par une nouvelle hygiène de la couverture informationnelle : on attend des rédactions non pas de surinformer à tout prix mais de savoir choisir, procéder à une sélection, hiérarchiser l'info. En somme, de *prendre la mesure des événements*. Pour la défense d'une information « proportionnée », dont la part de voix ne serait pas ouvertement excessive par rapport au poids de l'événement en question (ou non-événement bien souvent). Cela éviterait ces phénomènes de loupe ou de cadrage, qui sont de véritables « larsens » à la source de tous les biais psychologiques, et qui écrasent le reste de l'actualité en amplifiant démesurément une nouvelle particulière (« affaire d'État ou affaire d'été ? »). Qu'un journaliste soucieux de proportionnalité tombe sur un burkini dans une piscine grenobloise, et l'on peut être sûr que l'ensemble de la profession va bousculer sa grille de programmes pour faire toute sa place au danger planétaire que cette pratique nautique fait planer sur le monde. Nous exhortant ainsi à céder à la paresse politique consistant à « commenter le commentaire », plutôt qu'à inventer la société à laquelle nous aspirons pour nos enfants.

En appeler également à un sursaut de la profession journalistique dans le domaine du *sens*. Le terme n'est pas anodin : charge aux médias professionnels de mettre en perspective les différentes dimensions d'un sujet complexe en insistant sur les relations entre elles. Tant il est vrai que nous perdons rapidement la vision globale d'un problème social ou sociétal, ses tenants et ses aboutissants. Qui peut par exemple *facilement* résumer la réforme des retraites ? Qui est en mesure d'expliquer les conséquences d'un changement de politique énergétique en France ? Sans parler de géopolitique, le pastis des discussions de comptoir, dans lequel on viendra noyer toutes nos approximations médiatiques. Qui a une vue panoramique des problèmes que rencontre le système de santé en France ? Il faudrait imaginer une information présentée sous la forme de cartes, comme il existe des représentations cartographiques d'un territoire. Lors du débat public Médias et citoyens lancé en 2019 par la société Bluenove en partenariat avec douze grands médias français (presse, radio, télévision, internet), débat portant sur la recréation du lien de confiance entre journalistes et société civile, les citoyens mobilisés sont allés jusqu'à exiger des journalistes une information qui soit dorénavant « située », c'est-à-dire qui donne à voir les choix opérés, qui dévoile les clés de sa propre fabrication (comment l'enquête a-t-elle été conduite ?), qui explicite le point de vue adopté par l'auteur de l'article, afin de permettre à celui qui s'informe de savoir d'où on lui parle. S'émanciper de la tentation du score de lecture (rubrique « les dix articles les plus lus »), c'est en effet assumer le fait que le journaliste n'est pas un algorithme, qu'il est en position de faire des arbitrages conscients.

Mais ces choix doivent être expliqués au citoyen. En d'autres termes, un journalisme responsable est un journalisme qui fait la part belle à une information respectueuse de notre attention. Il a même été proposé, lors de ce débat public, que soit inventé un système d'étiquetage de l'information tenant compte de ses biais et de ses « éléments nutritifs » (part d'éditorial, part de faits scientifiques, part d'émotionnel, etc.), comme cela peut exister dans le domaine de l'étiquetage alimentaire (le fameux Nutri-score) afin de garantir une qualité du produit et une source d'approvisionnement !

Les nouveaux « francs-macs »

Quiz innocent : parmi les dix titres suivants à la une des médias, lequel aurait pu exister il y a plus de dix ans ?

« Gender queer, trans non-binaire, genderfluid… qui sont-iels ? » (France Info)

« Écoanxiété : une jeunesse face aux angoisses écologiques » (France 24)

« Les antivax ont-ils eu une enfance difficile ? » (Slate)

« Paris : un frotteur s'attaque à une policière dans le métro » (CNews)

« Du danger mortifère de l'extrême centre » (*Les Échos*)

« Les zadistes : utiles ou ultras ? » *(La Croix)*

« En France, les revenus des super-riches ont quintuplé en dix ans » *(Sud Ouest)*

« Présidentielle 2022 : wokisme, indigénisme, intersectionnalité » *(La Dépêche)*
« “Racisme d’État”, “racisé”: les termes du débat » (Médiapart)
« Burkini, laïcité et République : où se niche vraiment l’islamisme ? » *(Marianne)*

Réponse : le titre de *La Croix* sur les zadistes ! Pas si étonnant que cela, le quotidien catholique français fondé en 1883 a le sens du temps long. Et lesdits zadistes sont non seulement nés dans la décennie de la lutte du Larzac (1971-1981) et à l’époque du projet de centrale nucléaire à Creys-Malville en 1977, mais l’acronyme « ZAD » en tant que tel est un terme détourné de « zone d’aménagement différé », utilisé sur le site du projet d’aéroport de Notre-Dame-des-Landes dès 1974. Les neuf autres titres listés à la une des médias, pris (presque) au hasard dans l’actualité des deux à trois dernières années, n’auraient tout simplement pas pu être rédigés à l’époque faute de mots pour les dire.

Heureuse ou malheureuse cuvée des termes politiques et médiatiques, marqués par l’actualité, qui entrent chaque année dans *Le Robert* de la langue française ! « Fiché S, dégagisme, grossophobie, rageux, spécisme, *cancel culture*, ensauvagement, collapsologie, écoterrorisme », la liste est longue comme un jour sans pain. Si ce régime calorique sur le plan sémantique était digeste, personne ne s’en plaindrait. Mais la proportion de formules clivantes fait objectivement des médias les premiers complices de la « clash culture ». Dorénavant, on « dégaine un 49.3 » comme on dégaine un Colt. Même si tous ne sont pas des néologismes, les mots privilégiés par les journalistes, ceux qui finissent par entrer dans la culture populaire, ont cette sournoise propension à opposer, consciemment ou inconsciemment, les publics entre eux. Ainsi, les 0,1 % les plus riches supposent-ils les 99,9 % de (beaucoup) moins riches. Les « premiers de cordée » devancent les « premiers de corvée » (face aux « invisibles », à quand les « survisibles » ?). Les « féministes » convoquent aussitôt les « mysogines ». Les « femmes-cis » s'opposent incidemment aux « femmes-trans ». Les « élites » écrasent toujours le « peuple ». Le « système » fabrique ses « exclus ». « Bruxelles » efface de manière insolente les « Nations » (dites « souveraines »). Le « grand remplacement » supplante le « grand réchauffement » (au moins pour les zemmouriens). Les « islamistes » salissent les « musulmans » (malheureusement la confusion reste grande). Bref, les nouveaux mots sont de redoutables grenades démocratiques. Sans compter l'apparition de dangereux becquerels sémantiques qui contaminent le langage commun de leur radioactivité : le redoutable « islamo-gauchisme » (convergence, réelle ou supposée, de l'extrême gauche avec les mouvements islamistes), l'énigmatique « wokisme » (éveil aux problèmes liés à la justice sociale et à l'égalité raciale), l'incompréhensible mais omniprésente « intersectionnalité » (situation de personnes subissant simultanément plusieurs formes de discrimination), l'ésotérique « *mansplaining* » (attitude paternaliste des hommes à l'égard des femmes), le désormais consacré « *burn out* » (syndrome d'épuisement professionnel) et son cousin plus discret mais prometteur le « *brown out* » (perte de sens dans le travail), tous ces termes un peu baroques qui viennent incarner de grands ou petits sujets politiques souvent liés aux questions de genre, de sexe et de race, par-delà les sujets de classe et de religion qui avaient occupé la scène idéologique depuis des lustres.

À croire qu'est devenu politique le simple fait de nommer une occasion de se heurter à l'autre ou toute source de problème et de discrimination. Il est devenu suspect de ne pas évoquer une expression conflictuelle pour décrire un fait politique, c'est à qui inventera le mot-slogan le plus perfide. La fenêtre d'Overton est grande ouverte ! Nommée en hommage au lobbyiste américain Joseph Overton, elle donne à voir ce qui peut être dit tout en restant politiquement acceptable au regard de l'opinion publique. Trump, Zemmour, Salvini en ont largement profité : ils ne sont pas perçus comme des hommes politiques inaudibles et trop extrêmes par une partie conséquente de l'électorat. C'est ainsi que le « grand remplacement », à l'origine thèse raciste et complotiste de l'idéologue Renaud Camus, a dégringolé du statut d'impensable à celui de radical, puis d'acceptable, pour devenir auprès de certains une thèse « populaire ». Le glissement de « l'anthropocène » (nouvelle ère géologique dans laquelle l'espèce humaine est la principale source d'influence sur la biosphère) à « l'androcène », concept écoféministe popularisé par Sandrine Rousseau, traduit l'ouverture des battants de la fenêtre : l'idée que les hommes, plus que les femmes et les classes dominées, portent la responsabilité du désastre écologique devient *mine de rien* une idée socialement acceptable. Elle était impensable dans le débat public, elle devient raisonnable, et même plaidable. On pourrait en dire autant du retour de la peine de mort, des murs aux frontières ou de la « remigration » des étrangers.

Lorsque la vivacité d'une campagne électorale se mesure à la fois par le degré d'ouverture de la fenêtre de l'acceptable et par l'intensité de la « sloganisation » des idées, avec son cortège de hashtags et de mèmes du web social (ces miettes culturelles qui se transmettent sur internet sous la forme d'une image virale et d'un micro-commentaire), on peut se dire qu'on est entré en terrain miné. Désir, envie, rêve ont déserté l'espace culturel et symbolique du politique, au profit d'un vocabulaire des élus et des journalistes qui impose son style explosif et tend vers le choquant et le catastrophisme généralisé. Il reste que tout ce bagage finit par cascader dans le discours populaire. Il est même de bon ton, dans un dîner en famille, de reprendre la dernière expression de politique trash à la mode, histoire de montrer qu'on est informé. Fut une époque où l'on se lançait des « fascistes » ou des « francs-macs » à la figure, juste après l'apéro. Entre « antivax » et « complotistes », les cœurs d'aujourd'hui balancent et les lacrymos voltigent sous les pavés. Certains médias taquins seront allés jusqu'à nous proposer, en préparation du dîner du réveillon, de choisir parmi « dix thèmes politiques » les sujets d'engueulade à lancer pour animer la soirée.

En voilà une autre forme, bien insidieuse, d'éducation populaire, dont les médias sont la gégène universelle ! En somme, plus la politique est moderne, plus elle est bavarde, et plus elle emprunte aux tournures et locutions de la discorde. À la fameuse question philosophique « d'où parles-tu ? », la réponse n'est plus liée à l'appartenance de classe (populaire, ouvrière, bourgeoise…), mais à la chaîne télé du 20 heures ou à la station de radio du matin pour la France qui se lève tôt. Médias coupables mais jamais responsables, dont on sous-estime les dommages collatéraux au moment de relever les compteurs de l'abstention et du « plus rien à foutre ». Car à force de transpirer la haine, l'offense et le clash, cette manie journalistique de céder à la tentation du pire et de faire le jeu de la division – « un coup de langue est pire qu'un coup de lance », dit le proverbe – on finit par ne plus voir que le débat public est devenu la stigmatisation d'ennemis imaginaires. Rappelons-nous cette règle : on est toujours le privilégié de quelqu'un ou son paria, c'est donc chose facile que de se dénicher un ennemi. Funeste réflexe qui vient immanquablement fragiliser le goût, voire le plaisir même de la démocratie. Les médias et les oppositions politiques ne voient-ils pas les dommages causés ? Sont-ils aveugles au retrait d'un nombre croissant de nos compatriotes qui disent, sondage après sondage, leur malaise face à la dévitalisation de leur souveraineté, et qui préfèrent aller taquiner le goujon le jour des élections ? Comment ne pas se sentir disqualifié par la novlangue politique, dans une France qui ne passe pas ses samedis matin à lire Mediapart mais ses samedis après-midi chez Lidl ou Ikea ?

Plus grave encore, reconnaissons que le premier travers de la manipulation des mots-slogans réside dans l'économie intellectuelle qu'elle génère chez le citoyen. Les campagnes électorales couvertes par les médias sont un festival de prêt à penser pour l'*Homo politicus*. Nul besoin de réflexion, encore moins d'introspection dans notre démocratie du XXIe siècle, tout est *prépackagé*, sous le blister du conformisme. Il suffit de cocher une case (au hasard, « les riches », « eux », « nous », « les étrangers » et bien d'autres réjouissances encore), tout a été déjà pensé pour lui. La conscience politique n'est plus formée par les précieuses conversations familiales, associatives et scolaires, mais par l'avalanche de hashtags sur Twitter, dont il faut rappeler qu'ils sont très souvent le fruit de l'inventivité des journalistes. Décidément, le porridge médiatique est bien un tue-l'amour de la politique. Il fait penser au *category management* d'un Auchan ou d'un Carrefour : découper l'assortiment d'une famille de produits en ensembles cohérents pour les consommateurs (les catégories) qui vont être gérés (managés) dans l'optique d'apporter une plus grande satisfaction aux clients cibles. Quelle belle définition de la conscience politique actuelle, *packagée* comme un poulet tikka masala. On retombe dans les ornières de l'idéologie de grand-papa/grand-maman, où les choses étaient soigneusement rangées, communisme dans le tiroir du haut, fascisme dans le tiroir du bas, anarchisme dans aucun tiroir (par définition), tous les maux en *-isme* d'antan se retrouvant finement pliés-repassés.

Voilà qui nous détourne du vrai plaisir politique : celui d'inventer un autre monde possible, de dessiner une utopie concrète qui soit excitante. Alors même qu'il n'a jamais été aussi important de faire preuve d'une « imagination infinie dans un monde fini »... Bref, déclarons la guerre aux plats préparés de la pensée ! Inventons nos propres mots-citoyens contre les nouveaux mots du pouvoir ! Il peut y avoir une vraie satisfaction, peut-être même une forme d'addiction, à créer de toutes pièces les termes et expressions qui symboliseront un futur souhaitable non imposé par l'establishment politico-médiatique, comme le suggère, parmi cent autres exemples, l'iconoclaste démarche des « dicos du futur » imaginée par l'écrivaine prospectiviste Anne-Caroline Paucot : de « antiroutinien » à « fragiliste » pour signifier les sensibilités de demain, de « génofanter » (concevoir un enfant génétiquement modifié) à « éphimariage » (mariage à durée déterminée) pour illustrer les relations familiales d'après-demain, l'avenir prend corps à travers le muscle du mot pour le décrire. Mot qui nous évitera un fichu « foutur » (un futur foutu). Dans la même veine, le PIB (produit intérieur brut) serait avantageusement remplacé par la PBE (promesse de bien-être) et la « distanciation sociale » se serait bien contentée de n'être que physique. « Mal nommer un objet, c'est ajouter au malheur de ce monde », écrivait Albert Camus. Se voir imposer et rabâcher des catégories sémantiques ou des diagnostics tout faits, c'est se dédouaner de nouvelles solutions.

Et si le renouvellement du débat public passait par le droit de faire la grève des médias obèses de leurs maux et par l'apprentissage d'une nouvelle langue, aussi éloignée que possible de celle des marronniers journalistiques ?

« Allez, à *ciao* bonsoir ! »

Deuxième pivot : l'effet de surprise en matière de couverture médiatique de la politique. Notre pratique des médias nous conforte dans des carcans de restitution des grands moments républicains qui n'évoluent jamais. Comme si les rituels électoraux, campagnes comme résultats, étaient étanches à toute forme d'innovation médiatique. Stimulez donc notre curiosité, surprenez-nous, bousculez-nous ! Un débat politique à la télé n'est pas condamné à respecter un formalisme à bâiller d'ennui, il devrait pouvoir nous dérouter, devenir une sorte de cabinet de curiosités, un « merci pour ce moment ». Il est vrai qu'avec des temps de parole chronométrés, où la même question est recyclée douze fois auprès de douze candidats assignés à jouer de la virgule et de la parenthèse pour se distinguer du voisin, on penche vers la torture pour le spectateur. On dit par ailleurs des sondages, l'amour fou des médias, qu'ils facilitent la compréhension de la politique en la rendant plus accessible, moins rébarbative. Restituer le point de vue de l'opinion sous des formes très simplifiées (quelques chiffres et graphiques) ferait office de produit d'appel didactique. Le sondage serait le moyen que les médias ont trouvé pour présenter le manège des affaires publiques de manière plus spectaculaire auprès des moins politisés. Est-on sérieux ? N'a-t-on pas mieux dans la besace pour accompagner vers les urnes les plus désengagés ?

Et pourtant, quel beau chantier que celui de créer de l'inattendu dans le traitement de la chose publique ! L'ambition du journaliste devrait être de susciter chez le citoyen un « retard de catégorisation », afin d'éviter à tout prix ce syndrome de la visite de musée où l'on passe le plus vite possible d'un tableau à l'autre pour identifier dans quelle catégorie classer chaque œuvre. Impressionnisme ? Fait. Cubisme ? Fait. Fauvisme ? Fait. Halte-là, c'est à pleurer d'ennui ! Programmez donc l'imprédictible, redonnez le goût de l'impertinence, réussissez ce tour de force pour sauver la démocratie du bâillement.

Tout compte fait, *Les Guignols de l'info* ont peut-être été le bijou de la pop culture qui aura eu le plus d'impact sur la vie publique française, faisant et défaisant littéralement des destins politiques ! Émission culte de Canal + (en clair, merci) pendant les années 1990, *Les Guignols*, lancés en 1988, auront occupé le petit écran pendant… près de trente ans ! Équivalent français du féroce *Spitting Image* en Angleterre, cette parodie de journal télévisé aura su caricaturer le monde politique, artistique et culturel avec un talent pour coller au réel et une popularité (2,5 millions de téléspectateurs quotidiens) à ce jour inégalés dans le PAF. Elle n'était d'ailleurs pas un pur ovni médiatique, *Le Bébête Show* (pour les plus boomers d'entre nous) l'avait précédée de six ans sur TF1 dans l'univers des marionnettes, de l'imitation et du sketch politique, sous la plume du trio Jean Amadou, Stéphane Collaro et Jean Roucas.

Évoquer une émission de divertissement aussi peu sérieuse que *Les Guignols* dans un essai sur la pop démocratie s'impose. Simple bouffonnerie de marionnettes en latex ? Bien sûr que non. On dit que l'émission aurait réussi à avoir une influence sur les résultats de l'élection présidentielle de 1995, excusez du peu. Il faut reconnaître que le personnage de Jacques Chirac nous était montré comme un sympathique amateur de têtes de veau, mi-enjoué, mi-paresseux, aimant à tâter la croupe des vaches au Salon de l'agriculture, cela crée du lien. En comparaison, Balladur n'avait aucune chance de remporter les suffrages émotionnels. Rappelons que sept ans plus tard, lors du premier tour de l'élection présidentielle de 2002, *Les Guignols* avaient annoncé dès 19 heures 45 la présence de Jean-Marie Le Pen au second tour derrière Jacques Chirac, en totale infraction de la loi qui interdit l'annonce des résultats avant 20 heures. Ce « *spoil* » politique organisé visait à inciter les derniers abstentionnistes à aller voter pour empêcher l'extrême droite d'atteindre le second tour. On se plaît même à imaginer qu'il ait eu vocation à invalider le résultat de l'élection, la loi ayant été bafouée ! Si ce n'est pas du *soft power*…

Évoquons quelques chiffres méconnus, issus de deux enquêtes scientifiques réalisées en 2002 auprès de collégiens de 16 ans, et en 2004 auprès d'élèves de terminale : près d'un jeune sur deux (46 %) avait déclaré avoir regardé la plupart des émissions des *Guignols* au cours de la campagne électorale de mai 2002, chiffre absolument considérable quand on le compare à la proportion de spectateurs réguliers du 20 heures. Ce sont les jeunes des milieux populaires qui regardent le plus les marionnettes en délire, et tout particulièrement les garçons, avec une légère surreprésentation de ceux qui se considèrent « très à gauche ». Point clé de l'étude : à la question sur la possible confusion entre fiction et réalité, les adolescents répondent majoritairement que *Les Guignols* ont tendance à « dire la vérité », mais « en mode exagéré ». Après tout, ne présente-t-on pas ces derniers comme « les meilleurs éditorialistes de France » ? Pourquoi les ados ne leur accorderaient-ils pas leur confiance ?

La critique des lecteurs se fait déjà entendre : faire référence à une émission satirique pour faire de la pop démocratie ne fait-il pas le jeu du populisme en usant d'une exagération gratuite alimentant le « tous pourris » ? Si les humoristes d'un *Jamel comedy club* jouent avec les codes engagés du stand-up, ceux des *Guignols* n'ont-ils pas un impact plus fort sur la pensée politique de notre progéniture ? Pourtant, lorsqu'on demande aux jeunes téléspectateurs d'identifier des exemples précis d'exagération, ceux-ci ne citent que des éléments de mise en scène outrancière ou des traits de personnalité caricaturés « et non des thèses idéologiques ». Le terrain d'interprétation sur lequel les collégiens se situent est donc toujours apolitique. Ce résultat est plutôt contre-intuitif : selon un sondage CSA pour *La Croix* réalisé à la même époque en 2001 (âge d'or des *Guignols*) auprès de quatre cent quatre-vingts parents, les trois sources qui influençaient selon eux le plus les opinions politiques de leurs enfants étaient bel et bien, dans l'ordre, les parents, les journaux télévisés et « les émissions satiriques comme *Les Guignols* », loin devant les amis, les enseignants et les autres médias. Erreur de perception de leur part ? Généralisation abusive, plutôt. Car *Les Guignols* semblent n'exercer d'influence que sur certaines grandes valeurs sociétales constamment rabâchées. L'enquête démontre en effet que deux sujets occupent une « part de voix » importante dans la bouche des marionnettistes : la condamnation du racisme et de l'extrême droite d'une part, l'antiaméricanisme d'autre part. Pourtant, les intentions de vote (théoriques du fait de leur jeune âge) des collégiens exposés à cette émission qui s'expriment en faveur de Jean-Marie Le Pen pour la présidentielle de 2002 ne se démarquent pas de celles des collégiens non exposés à l'émission. En somme, les jeunes semblent plutôt anti-FN « indépendamment de leurs habitudes télévisuelles ». Le même constat tient sur l'antiracisme. En revanche, la corrélation entre le suivi des *Guignols* et le développement d'un parti pris antiaméricain est beaucoup plus significative. Il faut y voir l'influence des marionnettes de l'inconstant Georges W. Bush et du cupide Sylvestre (Sylvester Stallone). Même s'il faut relativiser : le traitement de l'ensemble de la classe médiatique française du conflit en Irak et des outrances de Bush junior ne laissait que peu de marge politique aux adolescents de l'époque, *Les Guignols* ne faisant en ce sens que renforcer l'esprit du temps.

On peut donc être a priori rassuré sur la faible influence idéologique d'émissions potaches comme *Les Guignols*, *Le Bébête Show* ou le programme britannique *Spitting Image* auprès de ceux dont la conscience politique est encore en formation. En revanche, c'est bien le « goût de la politique » qui est aiguisé par ces programmes. Le rire aura rendu la politique digne d'intérêt pour les plus jeunes, la transformant en un objet qui mérite leur attention, même si ceux-ci sont allés chercher ailleurs leur source d'influence en matière électorale. En outre, ne sous-estimons pas le potentiel formateur d'une émission dont l'impertinence des dialogues aura, sans l'ombre d'un doute, contribué à travailler le vocabulaire engagé de la jeunesse : la répétition de phrases fétiches, la création de mèmes langagiers (« Tu vas l'avoir ta putain de guerre » de M. Sylvestre), l'exposition à un esprit critique face à l'actualité, autant de « muscles » citoyens qui ont fini par se tendre, prendre de la vigueur, armer les ados téléspectateurs pour de futurs (vrais) débats en société. Après tout, PPDA n'est-il pas le meilleur poil à gratter de la politico-sphère ? Sa verve, son sans-gêne, débarrassés des guenilles du politiquement correct ! Le prix à payer sera certainement une dose incompressible de cynisme chez les fans, mais cela ne vaut-il pas mieux que la naïveté ou, pire, que l'indifférence de futurs abstentionnistes ? On peut donc considérer que *Les Guignols* ainsi que tous leurs héritiers télévisuels ou numériques (humoristes, marionnettistes, imitateurs, youtubeurs, réalisateurs de séries télé d'animation, etc.), en cultivant l'attractivité des thèmes « sérieux » de la vie républicaine et en vulgarisant le langage de la politique comme on enseigne une seconde langue, ont *préparé le terrain* de la citoyenneté. La pop culture aura servi de matrice et d'amorce pour toute une génération d'apprentis citoyens, alors même que les sources d'influence réelles continuaient à provenir de vrais prescripteurs : les parents (« dans ma famille, on vote à gauche de père en fils »), le JT de 20 heures, les amis, les profs…

Alors, on entendra dire sûrement que l'enfer est pavé de bonnes intentions. Que l'humour a bon dos quand les enjeux sont critiques. Souvenons-nous de la petite blague « et pourquoi pas le char à voile ? » de Christophe

Galtier, l'entraîneur du PSG, qui répondait en conférence de presse au patron des lignes TGV, lequel suggérait aux joueurs parisiens de prendre le train plutôt que l'avion pour aller jouer à Nantes. La pirouette n'est tout simplement pas passée. Bon (ou mauvais) mot tombé à plat, trait d'humour contestable quand il aurait été plus malin d'argumenter rationnellement les choix du club, il n'y a pas beaucoup d'excuses à la légèreté de son entraîneur ni au fou rire de Kylian Mbappé. Mais, jusqu'au sommet de l'État et à son ministre des Sports, l'hystérie collective, provoquée par cette petite phrase qui, prononcée quelques années plus tôt, aurait fait largement sourire en soulignant les insuffisances de la SNCF, en dit long sur l'état de surtension de la société française. On ne badine plus avec l'humour. Faut-il pour autant l'accepter ? Ne peut-on se raccrocher au fait que tout ne se vaut pas, et qu'il peut y avoir une échelle des gravités ? Devra-t-on tolérer que le goût de la démocratie ne puisse plus aujourd'hui se former dans une sérénité minimale, voire parfois dans le rire qui fait du bien, nous condamnant *de facto* à l'amertume et à l'austérité ? Après tout, le rire n'a-t-il pas de tout temps été l'arme fatale de délégitimation des dictatures ? Pour la bonne raison que le rire autorise la prise de risque là où l'austérité incite à l'inaction. Désacraliser les figures d'autorité, remettre en cause les idéologies dominantes, bousculer les règles, quel programme excitant pourtant ! Et si Sarkozy, Cresson et DSK en ont fait les frais en leur temps avec *Les Guignols*, ce sera un jour, espérons-le, au tour de Poutine. Les conséquences en seront d'autant plus spectaculaires. C'est en tout cas le pied de nez que l'on peut souhaiter à toute forme de démocratie, qu'elle soit libérale ou illibérale.

Elle mérite d'être dans le journal !

Troisième et dernier pivot… Celui-ci est déjà engagé par certains titres de la presse quotidienne régionale comme *Ouest France* ou *La Voix du Nord*, ou plus timidement par l'audiovisuel public. Une révolution de palais qui consiste à voir le citoyen non pas comme un lecteur-spectateur-client mais comme un partenaire de la fabrique de l'info.

Cette révolution est annonciatrice d'un renouveau démocratique « dans nos campagnes », comme dit *la Marseillaise*, car elle fait participer le citoyen à l'ensemble de la chaîne de production médiatique. Ce petit miracle se produit lorsque c'est le citoyen qui aide le journaliste à choisir ses sujets et à orienter son regard soit sur une personne digne d'attention (« il ou elle mérite d'être dans le journal ») soit sur un thème jugé d'intérêt (souvent de proximité). Nous serions donc bien avisés, en tant que lecteurs, de pouvoir partager avec une salle de rédaction l'effort d'identification des sujets dont nous souhaitons entendre parler. Le petit miracle se poursuit lorsque le citoyen est interrogé non pas en qualité de témoin, ou par le prisme d'un bref micro-trottoir, mais pour son expertise de fond, celle d'un « profane éclairé ». Même si cela peut tordre le cou à une croyance journalistique (et politique) ancienne, tous les citoyens ne sont pas des « monsieurs ou madames Michu » ivres de leur incompétence : ce sont de véritables experts en puissance. Experts de leurs conditions de vie, de leurs épreuves, de leurs usages. Ils ont beaucoup à offrir et seraient donc bien fortunés de ne plus être traités comme de simples consommateurs d'info. Ce faisant, notre paysage démocratique serait en grande partie bouleversé. Changeons les lunettes médiatiques par lesquelles nous voyons le monde, et nous constaterons immédiatement que les débats de CNews ne reflètent pas la teneur des débats réels des Français. Abstenons-nous pendant la durée d'une campagne présidentielle du flux de sondages quasi quotidien sur telle ou telle « attente » des électeurs ou sur la perception de tel ou tel candidat, comme a su courageusement le faire *Ouest France* pendant la campagne 2022, et nous verrons que la magie opérera, que le bon sens nous ramènera aux essentiels. Au-delà des revendications sur l'indépendance des médias, il faudrait chemin faisant imaginer un statut de société de média « à mission démocratique » qui opterait pour ces révolutions mentales et provoquerait ainsi une baisse de température ambiante. C'est vital pour lutter contre la surchauffe de l'info.

Petit rappel d'une loi de la nature : le corps social n'est autre que la grenouille dans l'eau de la marmite posée sur la cuisinière. Le feu allumé fait monter progressivement la température. Insouciant, le malheureux amphibien ne s'aperçoit de rien. Tout juste s'il prend conscience d'une eau qui tiédit. Au fur et à mesure de l'élévation de la chaleur ambiante, il s'affaiblit mais supporte. Une fois l'eau à ébullition, la grenouille s'évanouit et finit par cuire et succomber. Si la même grenouille avait été plongée directement dans l'eau à 50 degrés, elle aurait immédiatement donné le coup de patte tonique qui l'aurait éjectée de la marmite. La métaphore est connue, mais elle s'applique parfaitement à la sournoise influence des médias. Lorsqu'un changement s'effectue de manière suffisamment lente, il échappe à la conscience et ne suscite la plupart du temps aucune réaction, aucune opposition, aucune révolte.

Souhaitons à nos concitoyens, immergés dans le grand bain médiatique, de ne pas être la grenouille assoupie qui rend l'âme. Aux rédactions et aux journalistes de réduire le feu de cuisson, et aux citoyens d'être constamment sur le qui-vive. C'est ça, monter au front médiatique.

Dénouement

« La mélancolie n'entre pas ici. »
Bal des Incohérents, 11 mars 1885

« N'est-ce pas une chose extrêmement plaisante que de voir les philosophes les plus sérieux, si sévères qu'ils soient le reste du temps avec toute certitude, en appeler sans cesse à des sentences de poètes pour assurer force et crédibilité à leur pensée ? »
Friedrich Nietzsche, « L'origine de la poésie », *Le Gai savoir,* 1882

Alors quoi ? Si la démocratie n'avait qu'un habit à endosser, ce serait celui qui la transformerait en démocratie culturelle ou, mieux encore, en *pop démocratie.* Tout comme il commence à exister, enfin, un début d'écologie culturelle dont l'ambition est finalement identique : être un antidote aux passions tristes. La démocratie ne doit pas signifier l'ennui ou l'anxiété, elle ne doit plus se limiter au sérieux et à la technique. Ce serait à la fois un drame et un contresens historique. En cela, il est temps de reconnaître que les institutions, la Ve République ou même l'hypothétique VIe, ne suffiront plus pour la faire fonctionner. Asphyxiée par sa propre rigidité, elle se recroqueville sur elle-même. « Toute société organisée endort les passions », écrivait Nietzsche.

Ce livre a voulu proposer une *fabrique collective du désir de démocratie.* En prenant racine dans la pop culture, qui est partout ici et là, dans une éducation populaire, qui est partout ici et là aussi, dans une mutation des médias, car ils sont partout ici et là tout autant. Le remède ? Nous l'avons dit, monter sur trois fronts simultanés : culturel, concitoyen et médiatique. Pour faire de la conscience politique un réflexe universel d'espoir, alimenté par du joyeux et du convivial.

Le « gai savoir » des troubadours, quoi ! Le fabuleux courage de l'allégresse et même de la poésie.

À grand renfort de créativité, le front culturel aura consisté à prendre sa plume, chauffer sa voix, libérer ses tripes comme l'ont fait tous les artistes qui ont été mentionnés dans ce livre. Des Sex Pistols à Houellebecq. Produire de la culture, des films, des chansons, des BD, des belles (ou moins belles) histoires, c'est convaincre les gens qu'il y a d'autres évidences que celles produites jusque-là par les partis politiques, d'autres langages aussi. Sans le reconnaître jamais, nous savons que nous sommes condamnés à survoler la plupart des essais dont nous parlons. Il faudrait une demi-vie humaine de visionnement continu pour voir ce qui se poste en une journée sur YouTube. C'est pour cela qu'il est si important de compter sur les « passeurs » que sont les créateurs artistiques et culturels. Voilà à quoi sert le meilleur de ce qu'ils produisent.

Mais la solution n'est pas qu'entre les mains des artistes, tant s'en faut. Elle est entre les mains de tous les citoyens. C'est le sens du bien nommé front concitoyen de reconquête de l'attention politique. C'est le sens des « bottes de neuf lieues » de la démocratie. C'est le sens des « petits *corners* » de proximité, des dialogueurs, des farandoles, des récrés, des fêtes mobiles et des architectures nouvelles de la concertation… Multiplier les cercles d'hospitalité de la démocratie, c'est augmenter notre surface de peau en contact avec l'intérêt général. On savait déjà depuis Antonio Gramsci que « tout est politique », mais notre amour des institutions nous aura fait oublier que depuis les années Jack Lang « tout est devenu culturel ». En ayant négligé la dimension Fête de la musique de notre héritage commun, nous nous sommes coupés des outils du vivre-ensemble. Recréons-les. Imaginons ce que le même Jack Lang, toujours moderne quarante ans après, ou un successeur décomplexé du même acabit ferait d'une telle aspiration.

Et puis « la faute à Voltaire », « la faute à Rousseau », écrivions-nous au tout début de ce livre. Rien ne se passera sans un sursaut spectaculaire des médias et de la profession journalistique dans le domaine du sens. Portons sur les fonts baptismaux une nouvelle culture médiatique qui prend conscience de son pouvoir toxique sur nos représentations du monde, et qui s'en libère. Car c'est l'air que l'on respire. Saluons la renaissance de médias qui auraient fait peau neuve, dont la visée serait davantage de stimuler les esprits que de les occuper ; d'embellir le débat plutôt que de l'enflammer ; et de surprendre, surprendre, surprendre encore et toujours, afin de bousculer nos a priori.

Ce bref ouvrage aura parcouru une odyssée culturelle, spatiale et médiatique bien trop large pour rendre justice à une telle ambition. Les pédants parleraient d'une triple révolution de l'éthos (les mœurs, les us et coutumes), du topos (le lieu, le territoire) et du logos (le savoir, le verbe). Des pans entiers du « *soft power* » politique et démocratique de la culture ont été passés sous silence, il faudrait dix volumes pour en faire le recensement. Mais le temps manque. Se fait entendre une petite rengaine de « *last call* », comme disent les Anglo-Saxons. L'abstention, le populisme, le vote de protestation et même la capitulation pure et simple des citoyens sont devenus des sortes de « communs négatifs » qu'il faut combattre avec de nouvelles armes. Si l'on a coutume de se réjouir des sympathiques biens communs, en tant que ressources accessibles à tous délivrant des effets positifs, les communs négatifs sont au contraire assimilables à de vilains déchets. Tout ce que l'on produit en excès (excès de défiance ou de cynisme des populations, excès de confiance et d'autorité des institutions), et qui est relégué dans les zones les plus pauvres de notre société : violences du débat public, territoires perdus de la République, électorats conquis par les extrêmes, sécessions et replis sur soi.

Charge à nous de bâtir une *société* démocratique et non une démocratie musclée de ses seuls tissus institutionnels. Il faut pour cela regarder autour de soi : partir des gens pour élaborer un nouveau contrat social, celui du plaisir de l'engagement sociétal. Tristes mines, donnez-nous un peu d'oxygène. La démocratie est une chose trop sérieuse pour être laissée aux politiques et aux administrations, qui sont trop souvent des pousses tardives par rapport au cours des choses. Et vous, artistes, créateurs, conteurs, doux rêveurs, génies de l'underground et de l'anticipation, aidez-nous à nous rassembler autour de nouvelles causes, loin du cocooning de nos cynismes, de nos solitudes et de nos colères refoulées dans les pantoufles.

Quand une démocratie se meurt, l'énergie se reconquiert dans le pas de côté, le jeu, le rire, la convivialité, lesquels électrisent la prise de risque. Aux yeux de la jeunesse révoltée et attristée, des familles inquiètes, des personnes âgées esseulées, la démocratie ne peut être une machine à fabriquer de la mélancolie, de la rancœur ou de la démission.

Osons en faire une cause ! Celle d'une refondation massive de la démocratie populaire à horizon 2027, afin de préparer le scrutin de tous les dangers. Mobilisons à la fois les talents de la pop culture, les « bottes de neuf lieues » qui mènent à l'engagement du plus grand nombre, et l'ensemble des médias reconscientisés. Il n'est jamais trop tard quand il est question de combat culturel. Certes, il n'y a pas d'objectif plus immodeste, car la culture ne se décrète pas. Mais une fois remise à sa place, c'est-à-dire au centre de la vie de la cité, elle saura nous aider à retrouver l'esprit des « jours heureux », nous prouvant ainsi que la démocratie peut (aussi) être une fête.

Références citées

« Demain un monde convivialiste, il ressemblerait à quoi ? ». *La Revue du Mauss*, n ° 57, premier trimestre 2021.

Extinction Rebellion (organisation). *This is not a drill. An Extinction Rebellion Handbook*. Londres : Penguin Books, 2019.

ALDUY, Cécile. *Ce qu'ils disent vraiment. Les politiques pris au mot*. Paris : Seuil, 2017.

—. *La langue de Zemmour*. Paris : Seuil, 2022.

ATWOOD, Margaret. *La servante écarlate*. Traduit de l'anglais par Sylviane Rué. Paris : Robert Laffont, 1987 [1985].

BANTI, Alberto Mario. *La democrazia dei followers. Neoliberismo e cultura di massa*. Rome : Giuseppe Laterza & Figli, 2020.

BAUDELAIRE, Charles. *Les fleurs du mal*. Paris : Poulet-Malassis et de Broise, 2ᵉ éd., 1861.

BLAIN, Christophe, JANCOVICI, Jean-Marc. *Le monde sans fin*. Paris : Dargaud, 2021.

BLIER, Bertrand. *Les valseuses*. Film, 1974.

BOAL, Augusto. « Catégories du théâtre populaire ». *Travail Théâtral*, n° 6, janvier-mars 1972.

Boisson, Pierre, Chamoux, Maxime, Gouverneur, Sylvain, Raisse, Thibault. *Xavier Dupont de Ligonnès. L'enquête.* Paris: Hachette, 2020.

Bouvard, Philippe. *Les pensées.* Paris: Le Cherche midi, 1991.

Bruckner, Pascal. *Le sacre des pantoufles. Du renoncement au monde.* Paris: Grasset, 2022.

Bukowski, Charles. *Contes de la folie ordinaire.* Traduit de l'anglais par Jean-François Bizot et Léon Mercadet. Paris: Le Sagittaire, 1977 [1972].

Cassely, Jean-Laurent, Fourquet, Jérôme. *La France sous nos yeux.* Paris: Seuil, 2021.

Citton, Yves. *Médiarchie.* Paris: Seuil, 2017.

Coluche. *Pensées et anecdotes.* Paris: Le Cherche midi, 1995.

Eco, Umberto. *Le nom de la rose.* Traduit de l'italien par Jean-Noël Schifano. Paris: Grasset & Fasquelle, 1982.

Evans, Alex. *The myth gap. What happens when evidence and arguments aren't enough?.* Boldeva: Eden Project Books, 2018.

Fœssel, Michaël. *Quartier rouge. Le plaisir et la gauche.* Paris : PUF, 2022.

Foucault, Michel. *Surveiller et punir.* Paris: Gallimard, 1975.

Freitas, Stéphane de. *Porter sa voix. S'affirmer par la parole.* Paris: Le Robert, 2018.

Gefen, Alexandre, Laugier, Sandra. *Le pouvoir des liens faibles.* Paris: CNRS, 2020.

Graeber, David. *La démocratie aux marges.* Traduit de l'anglais par Philippe Chanial. Lormont: Le Bord de l'eau, 2014.

Gramsci, Antonio. *Cahiers de prison*. Paris : Gallimard, 5 vol., 1986-1992 [1948-1951, écrits entre 1929 et 1935].

Guesde, Catherine. *Penser avec le punk*. Paris : PUF, 2022.

Guilluy, Christophe. *La France périphérique. Comment on a sacrifié les classes populaires*. Paris : Flammarion, 2015.

Hemingway, Ernest. *Paris est une fête*. Traduit de l'anglais par Marc Saporta. Paris : Gallimard, 1964 [posthume, écrit entre 1957 et 1960].

Hopkins, Rob. *From what is to what if. Unleashing the power of imagination to create the future we want*. White River Junction : Chelsea Green, 2019.

Houellebecq, Michel. *Anéantir*. Paris : Flammarion, 2022.

—. *Soumission*. Paris : Flammarion, 2015.

Hugo, Victor. *Les misérables*. Bruxelles : Albert Lacroix et Cie, 1862.

Kerion, Sandrine. *Mon rond-point dans ta gueule. Portraits de Gilets jaunes*. Saint-Avertin : La Boîte à Bulles, 2021.

Klein, Ezra. « Ezra Klein interviews Margaret Atwood ». Podcast *The Ezra Klein Show* en ligne sur *Newyorktimes.fr*, 25 mars 2022.

Lagasnerie, Geoffroy de. *La conscience politique*. Paris : Fayard, 2019.

Latour, Bruno. *Où atterrir ? Comment s'orienter en politique*. Paris : La Découverte, 2017.

Lecourt, Dominique, Nicolet, Claude, Perrot, Michèle, Poulat, Émile, Ricœur Paul. *Aux sources de la culture française*. Paris : La Découverte, 1997.

Lordon, Frédéric. *Les affects de la politique*. Paris : Seuil, 2016.

Marquet, Mathieu. « Politisation de la parole : du rap ludique au rap engagé ». *Variations n ° 18* [en ligne], mai 2013.

Marry, Yves, Souillot, Florent. *La guerre de l'attention. Comment ne pas la perdre*. Paris : L'Échappée, 2022.

Micheau, Frédéric. *Le sacre de l'opinion. Une histoire de la présidentielle et des sondages*. Paris : Cerf, 2022.

Moïsi, Dominique. *La géopolitique des séries ou le triomphe de la peur*. Paris : Flammarion, 2017.

Mounk, Yascha. *Le peuple contre la démocratie*. Paris : l'Observatoire, 2018.

Muray, Philippe. *Après l'histoire*. Paris : Gallimard, 2007.

Nietzsche, Friedrich. *Le gai savoir*. Traduit de l'allemand par Alexandre Vialatte. Paris : Gallimard, 1950 [1882 et 1887].

Nivat, Anne. *Dans quelle France on vit*. Paris : Fayard, 2017.

Novak-Lechevalier, Agathe. *Houellebecq, l'art de la consolation*. Paris : Stock, 2018.

Orelsan. *Civilisation*. Album, 2021.

Patino, Bruno. *La civilisation du poisson rouge. Petit traité sur le marché de l'attention*. Paris : Grasset, 2019.

Paucot, Anne-Caroline. *Le dictionnaire impertinent du futur. Se divertir en découvrant l'avenir et… le présent*. Paris : M21, 2008.

Périer, Bertrand. *La parole est un sport de combat*. Paris : J.-C. Lattès, 2017.

Perrault, Charles. *Le petit poucet*. Paris : Claude Barbin, 1697.

Ricœur, Paul. *Soi-même comme un autre*. Paris : Seuil, 1990.

Rosanvallon, Pierre. *Les épreuves de la vie*. Paris : Seuil, 2021.

—. *La contre-démocratie. La politique à l'âge de la défiance*. Paris : Seuil, 2006.

Rosenberg, Marshall Bertram. *Les mots sont des fenêtres, ou bien ce sont des murs. Initiation à la communication non violente*. Traduit de l'anglais par Farrah Baut-Carlier. Paris : La Découverte, 2016 [1999].

Schuiten, Luc, Schuiten, François. *Les Terres creuses*. Los Angeles : Les Humanoïdes associés, 3 albums, 1980-1990.

Simmel, Georg. *Les grandes villes et la vie de l'esprit*. Traduit de l'allemand par Frédéric Joly et Jean-Louis Vieillard-Baron. Paris : Payot, 2018.

Solanas, Fernando Ezequiel, Getino, Octavio. *Cine, cultura y descolonización*. Buenos Aires : Siglo XXI, 1973.

Sturges, John. *Règlements de comptes à O.K. Corral*. Film, 1957.

Taddei, François. *Apprendre au XXIe siècle*. Paris : Calmann-Lévy, 2018.

Thornburg, David. *From the campfire to the holodeck. Creating engaging and powerful 21st century learning environments*. San Francisco : Jossey-Bass, 2013.

Tournier, Christophe. *Manuel d'improvisation théâtrale*. Saint-Martin-Bellevue : L'Eau Vive, 2006.

Viktorovitch, Clément. *Le pouvoir rhétorique. Apprendre à convaincre et à décrypter les discours*. Paris : Seuil, 2021.

WEIL, Simone. « Note sur la suppression générale des partis politiques ». *La Table ronde*, n ° 26, février 1950 [posthume, écrit en 1943].

WOLFE, Tom. *Il court, il court, le Bauhaus*. Traduit de l'anglais par Claudia Ancelot. Paris : Les Belles Lettres, 2012.

YOUSSOUPHA, Mabiki. *Sur les chemins du retour*. Album, 2009.

Table des matières

Pour limiter l'empreinte environnementale
de leurs livres, les éditions de l'Aube
font le choix de papiers issus de forêts durablement
gérées et de sources contrôlées.

Achevé d'imprimer en décembre 2022
sur les presses de l'imprimerie Firmin-Didot
pour le compte des éditions de l'Aube
331, rue Amédée-Giniès, F-84240 La Tour d'Aigues

Numéro d'édition : 5296
Dépôt légal : février 2023
Numéro d'impression : 173093

Imprimé en France